TRAVELERS

in
SCANDINAVIA

TRAVELERS

in
SCANDINAVIA

CONTENTS 목차

Prologue

"헬로 스트레인저"

나는 깊게 여행하기를 좋아한다. 여행이란 느리게 봐야 오래 남고, 천천히 봐야 더 아름다운 것이라 생각하기 때문이다. 그래서인지 최근 유행하는 '한 달 살기'는 이미 십수 년 전부터 나의 여행 모토이기도 했다. 처음 북유럽 땅을 밟은 건 지금으로부터 14년 전. 이후로 줄기차게 북유럽에 드나들었고, 살아 보기도 했다. 하나하나 새로웠던 코펜하겐의 골목길이 어느새 오랜 친구처럼 느껴지기도 했고, 스톡홀름에 새로 생긴 카페나 편집숍을 매일같이 들러 발도장을 찍었으며, 무뚝뚝한 헬싱키인들과 사우나에서 만나 여행 메이트가 되기도 하고, 오직 오로라만을 위해 북노르웨이 한달살이를 하기도 했다. 때로는 장소를 깊이 이해하는 현지인으로, 때로는 모든 게 새로운 여행자로서 익숙하지만 낯선 이방인이 되는 나만의 여행법을 소개한다.

"프레임에 담는 각자의 여행사진"

사진은 나의 여행에서 가장 큰 영감이 된다. 여행을 떠나기 전에는 여행지의 매력을 가늠하고, 여행을 떠난 뒤에는 즐거움의 찰나를 담고, 돌아와서는 되새김질할 추억이 되어 일상을 살아갈 힘이 되곤 한다. 각자의 여행은 자신만의 프레임에 담긴다. 나에게 북유럽은 자연과 소도시의 아기자기함을 경험할 최고의 여행지였다. 몇 년 전 유럽 여행 중에 만난 한 영국 아저씨가 말했다. 한국인들은 여행 중에 사진을 너무 많이 찍는 것 같다고. 길게 답변하고 싶었지만, 세 단어로 대답했다.
"Photos are forever!"

"Oldies But Goodies"

처음 북유럽에 관심을 두게 된 건 북유럽 빈티지 제품들과 디자인이었다. 이야기가 담긴 빈티지 물건들이 가진 '진한 매력'이 좋았다. 가구나 제품들은 직접 현지에 가면 그 스펙트럼이 정말 방대하다. 같은 공감대와 취향을 가진 북유럽 사람들과도 많은 대화를 나누었고, 오래된 물건에 대한 이야기와 그에 얽힌 비하인드 스토리를 듣는 재미가 있었다. 이렇게 나의 첫 북유럽은 '빈티지 제품들'이었다.

그렇게 북유럽 빈티지 제품들과 함께하며 범위를 넓혀 전반적인 북유럽의 디자인에 흥미가 생겼다. 더불어 북유럽의 자연과 건축, 그들의 각 나라 언어, 역사까지 관심을 가지기 시작했다. 최근에는 숨 막히게 아름답고 깨끗한 북유럽의 '자연'과 작은 건축이라는 '스칸디나비안 의자'에 빠져있다.

북유럽은 우선 깨끗하다. 숲과 호수, 바다 등의 자연이 잘 보존된 나라들인 만큼 도착하자마자 깨끗하고 청량한 공기가 우리를 반겨준다. 또한 수돗물조차 그 어떤 생수보다 맛이 좋고, 현지인들도 그냥 수돗물을 많이들 마신다. (여행시 물

같이하거나 예민하다면 조심해야 하지만) 이미지만큼 깨끗하고, 그래서 '쉼' 그리고 '힐링'이 완벽해지는 곳이 바로 북유럽이다.

이처럼 북유럽은 "취향 찾기"에 참 적절한 여행지이다. 요즘처럼 좋은 것도 맛있는 것도 아름다운 것도 풍족한 이런 시대에 '자신의 취향'을 안다는 것은 생각보다 참 중요하다. 우리가 모두 그렇게 휴가마다 어디론가 떠나는 것 혹은 떠나고 싶어 하는 것은 모두 높은 삶의 질을 얻기 위함이 아니던가? 생각보다 많은 이들이 알지 못하지만, 북유럽에는 다 있다. 자연, 미식, 커피와 차, 쇼핑, 자동차, 예술, 건축과 인테리어 심지어 오로라와 백야까지. 또 어떤 이와 함께 가든 혼자서만 훌쩍 떠나든 대화와 생각의 영감이 끊이지 않는 미지의 세계다. 이런 하얀 도화지 같은 곳으로 몰랐던 나를 찾는 여정을 떠나보자.

북유럽의 사계절

여름(06월~08월)

북유럽을 여행할 최적의 계절. 어느 도시보다도 서늘하고, 낮이 길어 온종일 다녀도 해가 지지 않는 시기이다. 코펜하겐, 스톡홀름 같은 남쪽의 도시조차 밤 10시가 지나서야 밤이 지고, 새벽 2~3시가 되면 다시 해가 떠 낮이 길어지는 시기이다.

북유럽의 북부에 위치한 도시에서는 신비로운 백야를 볼 수 있는 때이기도 하다. 어느 곳에서든 반짝반짝 빛나는 휴가를 보낼 수 있는 기간이다. 하지만 성수기라 많은 관광객이 모이는 시기로 가뜩이나 비싼 물가가 한 층 더 높아지는 시기. 또한 소규모 숍 등은 휴가를 떠나는 기간이기도 하지만, 6월 말에서 7월 정기 세일 기간을 만끽할 수 있다. 최근 이상기온으로 여름날 30도를 오르내리는 무더운 날씨가 이어지기도 했으나, 여름이어도 비교적 서늘하니, 카디건이나 재킷은 꼭 챙기자.

봄(04월~05월)

북유럽에서 가장 설레는 계절. 길고 추운 겨울이 가고 마침내 맞는 봄은 한적한 북유럽의 도시를 다시 붐비게 만드는 신호다. 현지인과 여행자 구분 없이 들뜨는 따뜻하고 활기찬 북유럽을 느껴보자. 낮은 차츰 길어지고 북유럽 여행의 소소한 재미인 빈티지 벼룩시장이 개장하는 시기이기도 하다. 다만, 북유럽은 북유럽. 봄이라도 꽤 추운 편이니 옷차림은 우리나라의 초겨울 옷을 준비하고, 핀란드를 방문할 예정이라면 두꺼운 패딩을 챙기도록 하자. 또한, 매년 날짜가 바뀌는 부활절 연휴에는 많은 숍과 쇼핑몰이 가게 문을 닫고 휴가에 들어가니 여행 기간과 겹치지 않는 것이 좋다.

가을(09월~11월)

가을은 추위가 고개를 들이밀기 시작하는 시기이다. 하지만 북유럽 사람들에게는 막판 스퍼트를 불사르는 때라고 해야 할까? 본격적인 겨울 추위가 들이닥치기 전 온몸을 불사르며 아웃도어 액티비티와 캠핑 등 야외활동을 만끽하는 계절이다.

북유럽의 가을은 생각보다 매우 아름답다. 자연에는 붉은 단풍이 내려앉기 시작하고, 사람 사는 곳은 할로윈 장식으로 아기자기하게 치장을 시작한다. 또한 긴 겨울 준비에 들어가는 만큼 새로운 시즌을 준비하는 다양한 제품이 출시되어 쇼핑하기 좋은 시기이기도 하다. 여름 성수기가 지나고 크리스마스 성수기를 맞기 직전 중간의 비성수기라 호텔이나 항공권 등이 저렴해져 더욱 매력적인 시기다. 최소한 초겨울 옷 이상의 두꺼운 옷은 준비해 가자.

겨울(12월~03월)

하얀 눈과 크리스마스, 그리고 오로라가 기다리는 계절 겨울. 11월부터 반짝이는 크리스마스 조명이 달리기 시작해 12월이면 크고 작은 크리스마스 마켓이 열린다. 동화 같은 북유럽이 더욱 그림 같아지는 예쁜 시기. 거기에 하얀 눈까지 내리면 더욱 어여쁜 마을이 된다. 게다가 북쪽 도시에서는 북유럽 여행의 꽃, 오로라를 영접할 수 있는 시기이기도 하다. 크리스마스와 연말 성수기를 제외하면 호텔 등 여행 물가가 연중 가장 저렴해진다는 장점도 있다. 날씨는 춥고 어둡지만, 따뜻한 커피 한 잔, 차 한 잔에 의지하며 북유럽을 가장 북유럽답게 여행할 수 있는 시기. 핀란드의 경우에는 겨울이 더 길고 추운 편이다. 겨울에는 두꺼운 패딩과 코트, 머플러는 꼭 챙기도록 하자.

많은 사람들이 겨울 북유럽을 상상하면, 칼바람이 부는 줄 알고 춥지 않냐며 질문한다. 대부분 혹한의 추위를 예상하지만, 북유럽의 겨울은 생각보다 춥지 않다. 눈은 자주 오는 편이지만, 온도는 한국과 비슷하다. 북유럽의 주요 대도시는 영하로 떨어지는 날도 많지 않은 편이고, 서울의 고층 빌딩 사이에서 불어오는 매서운 겨울바람도 없다. 다만 오로라 투어 등 야외 활동이 길어지는 날이나 바람이 많이 부는 날, 비가 오는 습한 날에는 단단히 추위에 대비할 필요가 있다. 또한 봄•여름•가을은 모두 우리나라보다 훨씬 서늘하고 일교차가 크므로 머플러나 스카프, 점퍼 등을 항상 구비하기를 추천한다. 또한 장마 같은 집중적인 우기는 따로 없지만 봄과 가을, 겨울에 비 소식이 잦은 편이다.

한눈에 보는 북유럽 도시들

놀 것이냐, 쉴 것이냐. 이를 모두 만족시킬 북유럽 도시들이 이곳에 있다.
며칠을 머무르더라도 현지인처럼 살아보며 나긋한 여유를 느껴보자.

COPENHAGEN

OSLO

STOCKHOLM

HELSINKi

북유럽 이야기

#1
지루하지만 활기찬 곳!

오슬로에 사는 노르웨이 친구에게 북유럽은 어떤 곳인지 물었던 적이 있다. 친구는 자신의 동네를 이렇게 소개했다. "지루하지만(Boring) 활기찬 곳(Lively)이고, 활기차지만 평화로운 곳"이라고. 땅은 넓은데 인구는 적다보니 북유럽의 도시들은 확실히 조용한 편이다. 하지만 도시 곳곳을 들여다보면 사람 사는 재미가 묻어나는 마켓과 숍, 볼거리로 가득해 생기가 넘친다.

게다가 도시에서 살짝만 벗어나도 대자연의 신비를 마주할 수 있으니 이 얼마나 낯설고 신비한 땅인가. 광활한 북유럽 땅을 밟은 이상, 우리는 이방인의 처지를 벗어날 수 없다. 낯선 땅 북유럽에서 '여행자'로서만 느낄 수 있는 소소하고 아기자기한 일탈을 꿈꿔보자.

#2
재미를 찾아가는 삶

사실 북유럽은 현지인으로서는 놀거리나 볼거리가 아주 풍부한 지역은 아니다. 긴 겨울이 찾아오면 오후 3시만 되도 지는 해 때문일까. 북유럽 사람들은 삶의 재미를 집 안에서 찾기 시작했다. 예부터 집 꾸미기, 가족 혹은 지인과의 식사, 독서, 공예 등 주로 집 안에서 이뤄지는 소소한 활동을 삶의 낙으로 삼기 시작한 것이다. 가구와 조명, 인테리어 등이 유독 발달한 북유럽의 디자인이 머나먼 한국을 비롯해 전 세계에 영향을 미치는 것은 결코 우연이 아니다. 새해와 봄맞이, 부활절, 여름, 할로윈, 크리스마스 등 다양한 시즌별 테마에 맞추어 집안의 데코레이션을 바꾸는 것이 북유럽 사람들의 삶에 빠질 수 없는 즐거움 중 하나이다. 북유럽 사람들은 누구나 이렇게 소확행(소소하지만 확실한 행복)을 실현하며 행복한 삶을 살고 있다.

#3
한 잔의 여유를 마시다!
북유럽 생활필수품 '커피'

북유럽 커피의 생명은 느긋함이다. 커피 한 잔을 마시더라도 여유 있게 즐기는 것이 핵심! 그들에게는 커피가 단순한 식음료에 그치지 않고 하나의 문화로 받아들여진다. 북유럽 사람들은 커피의 원두가 어디서 온 것인지, 어떤 과정으로 수입되었는지에 오래전부터 큰 관심을 가져왔기에 공정무역 원두나 유기농 재료에 대한 역사가 깊고, 시스템 또한 잘 갖추고 있다.

특히 노르딕 커피는 독특한 산미를 풍기는 것이 특징인데, 코펜하겐에서 만난 커피 전문가의 말을 빌자면 "산미란 볶은 지 오래 된 원두에서는 날 수 없는 향"이라고 했다. 시큼한 커피 맛은 호불호가 갈릴지언정, 적어도 원두의 신선함은 증명하는 것이라 해야 할까? 북유럽에는 산도가 강한 커피뿐만 아니라 다양한 맛의 밸런스가 조화를 이루는 풍부한 커피가 준비되어 있다. 또 한 가지, 대부분 카페에 베지테리언을 위한 두유나 아몬드 혹은 귀리 우유를 구비한 경우가 많다. 건강하고도 취향을 존중하는 스펙트럼 넓은 커피를 만나볼 수 있으니 커피 마니아라면 잔뜩 기대하시라! 단, 쌀쌀한 날씨 탓인지 아이스커피는 잘 마시지 않는 분위기니 참고하자.

#4
나를 위한 저녁 시간,
차원이 다른 북유럽의 워라밸

나는 아침잠이 많은 편이지만 북유럽에서만큼은 늦잠 잘 겨를이 없다. 개인적으로 아기자기한 소규모 매장 구경을 즐기는데, 이러한 소품 숍이나 빈티지 숍들은 대개 정오에 문을 열어 오후 4~5시면 문을 닫는 경우가 많다. 겨울에는 해가 일찍 져버리는 탓에 낮이 짧기 때문이기도 하지만, 북유럽 사람들은 일과를 마치고 집안에서 가족과 함께하는 삶, 개인의 여유로운 시간을 중요하게 여기기 때문이다. 부럽게도 퇴근길 러시아워가 절정을 이루는 시간 역시 오후 4-5시 정도다. 심지어 3시가 되면 직원들이 슬슬 빠져나오는 회사도 있다. 마트의 줄도 길어지고, 대중교통도 붐비는 시간이므로 이 시간대를 피해서 이동하는 것이 좋다.

가게들이 일찍 문을 닫는다고 너무 낙심할 필요는 없다. 레스토랑이나 카페, 편의점, 백화점 등은 늦은 시간까지 오픈하는 경우가 많다. 하지만 시즌에 따라 오픈 시간이 자주 변동되기도 하므로 방문 전에 오픈 여부나 시간을 미리 체크해보는 것이 좋겠다.

#5
나의 하루를 행복하게 하는 것은 단지 두 송이의 꽃

몇 년 전쯤 코펜하겐에서 인턴을 할 때, 집을 막 나서던 중 마주친 동네 사람이 내게 물었다. "너 지금 행복하니?" 간혹 마주치면 인사만 나누던 사이였는데, 단순한 인사였는지 다른 의도가 있었는지는 모르겠다. 당시 개인적인 일로 기분이 좋지 않았던 나는 "지금 너무 슬프고 불행해"라고 대답했다. 그러자 나이 지긋하신 아주머니는 자신의 장바구니 속 꽃다발에서 꽃 두 송이를 꺼내 나에게 슬쩍 건네며 좋은 하루 보내라는 말과 미소를 남기고 떠나갔다. 그때 받았던 꽃 두 송이가 나의 고민을 해결해주지는 못했지만, 그날 하루를 기분 좋게 보낼 아주 큰 위로가 되었다.

북유럽에서는 이처럼 꽃을 주고받는 것에 익숙하며, 선물이 아니더라도 자기 자신을 위해 꽃을 사는 일도 흔하다. 워낙 자연을 사랑하고 인테리어를 중시하는 사람들이기도 하고, 추운 겨울에는 정원에서 식물을 가꾸는 것이 거의 불가능하기 때문에 자연스레 실내에서 보고 즐길 꽃다발을 찾게 되는 게 아닐까? 북유럽은 물가 대비 꽃이 저렴한 편으로 퀄리티 좋은 고급 품종도 손쉽게 구할 수 있다. 슈퍼마켓이나 동네 꽃집에서도 언제든 살 수 있으니 꽃 몇 송이로 위로받고 기쁨도 나누는 그런 여행이 되길 바란다.

북유럽 디자인

북유럽 디자인과 북유럽 인테리어의 시작

북유럽 디자인 열풍을 두고 '한 때의 트렌드'라고 생각하는 이들도 있지만, 어디까지나 스칸디나비안 역사에 얽힌 디자인의 중요성을 모르고 하는 말씀! 북유럽의 미드센추리 모던 Mid-Century(20세기 중반을 일컫는 말)Modern 디자인은 1·2차 세계대전을 겪고 난 후 모습을 드러내기 시작했다. 전쟁 후 팍팍한 삶에서 벗어나 일상의 삶을 되찾고자 그 구원책으로 '디자인'을 선택한 것이다. '디자인'의 개념조차 불확실했던 시기지만, 당시 기능성과 미를 동시에 부각하며 현대 디자인이 시작되었다고 여겨지곤 한다.

본격적인 산업 시대가 열리고 난 후 도시로 많은 사람이 몰리기 시작하자 개인의 프라이버시를 보장받는 '각자의 개인 공간'을 구축하기 위해 가구의 대량생산이 시작됐다. 기능성과 미적 아름다움을 갖춘 것은 물론이었다. 또한 일하는 여성이 늘어남으로써 그에 맞게 식기 디자인이 바뀌는 등 철저히 '사람 중심적인 디자인'이 탄생했다.

당시 디자인의 화두는 '자연적 소재'와 '편안한 디자인'이었다. 겉으로 보기에는 우아하고 시크한 듯하지만, 그 내면에는 모두가 행복해지고자 한 바람과 자신만의 아늑한 공간을 위한 절실함이 잔뜩 묻어나 통칭 '북유럽 디자인'이란 반짝이는 결실을 본 것이다.

북유럽 사람들에게 조명Lamp이란?

북유럽에 머무는 동안 나의 취미 중 하나는 길을 걸으며 집마다 보이는 창문 너머 조명을 구경하는 것이었다(물론 몰래 엿보는 구조가 아니라, 유럽에서는 익숙한 문화로 길가에 접해진 창문 선반에 집주인들의 성격이나 취향이 보이는 좋아하는 소품이나 장식품을 두는 것이 그들의 장식 습관이다. 지나가면서 자연스럽게 볼 수 있는 구조다).북유럽의 창문에는 소소한 소품과 함께 주로 스칸디나비아식 조명이 장식되어 있다. 내로라하는 디자이너 제품부터 지금은 구하기도 힘든 빈티지 조명까지 흔치 않은 풍경을 눈에 담는 재미가 있었다.

코펜하겐의 한 가구점에서 나이 지긋한 부부가 너무나 진지하게 조명을 고르는 모습을 본 적이 있다. 집 사진과 비교해가며 방마다 둘 조명을 고르고 있었는데, 그 신중한 모습이 신기하기도 하고 한편으로는 귀여워 보이기도 해서 눈길이 갔다. 노부부도 나의 관심을 느꼈는지 어떤 조명이 나은지를 물어 한동안 대화를 나눴다. 그들은 은퇴 후 새로 지은 단독주택에 설치할 자신들의 '마지막 조명'을 고르고 있다고 했다. 장난 섞인 목소리였지만 어딘가 묵직한 말이었다. 이처럼 북유럽에서 조명은 단순히 어둠을 밝히는 램프가 아니다. 본인의 정체성을 드러내는 동시에 공간과 집 전체의 분위기를 결정할만큼 중요한, 그리고 각자의 이야기를 품은 것이 바로 '그들의 조명'이다.

행복함의 구조적 형체, 덴마크 디자인

공간을 따스하게 만드는 가구와 조명 디자인으로 세계적인 입지가 굳건하다. 전통을 이어가면서도 질리지 않는 디자인을 이어간다. 공간의 아늑함을 한껏 살려내는 것이 덴마크표 디자인의 특징. 대표적인 브랜드로는 루이스 폴센Louis Poulsen, 노만 코펜하겐Normann Copenhagen, 르클린트Le Klint, 무토Muuto, 프리츠 한센Fritz Hansen, 헤이Hay, 로얄 코펜하겐 Royal Copenhagen, 뱅앤올룹슨Bang&Olufsen 등이 있다.

첫째도 기능 둘째도 기능, 스웨덴 디자인

스웨덴은 실용적인 디자인으로 유명하다. 과거부터 독일과 지리적·문화적 유사성을 보여서일까, 바우하우스Bauhaus(기능성과 실용성을 중시하는 독일 발 디자인 정신)의 영향을 많이 받은 모습이다. 북유럽 국가 중에서도 특히 제품의 기능에 집중하고, 기능을 위한 아름다움에만 치중한다. 의미 없는 치장은 모두 배제한 요즘 유행하는 미니멀리즘과 흡사하다. 실용적인 디자인이 돋보이는 이케아IKEA, 볼보Volvo 등이 세계적으로 유명한 스웨덴 브랜드다.

자연을 닮은, 노르웨이 디자인

20세기 이전부터 공예품으로 유명했던 노르웨이지만, 그들의 디자인 역사는 북유럽 국가들 중에서도 다소 늦게 발전하기 시작했다. 노르웨이의 디자인은 대체로 자연을 닮은 패턴을 이용하며, 색감이 뛰어난 것이 특징. 지폐나 여권 디자인 등 공공 디자인의 수준이 매우 높다. 대표적인 브랜드로는 피기오Figgjo, 캐서린홀름Cathrineholm 등이 있다.

미래를 위하여, 핀란드 디자인

북유럽 디자인 강국 중 가장 젊은 감각을 지닌 나라 핀란드. 그 시작이 가장 늦기도 했지만, 신진 디자이너를 위한 나라 차원의 지원도 가장 많고, 다방면으로 수준이 높다. 여행 중 그래픽디자인, 타이포그라피, 세라믹디자인, 텍스타일디자인 등 광범위하게 만나볼 수 있다. 자연에서 영감을 받아 만든 제품이 대다수일 정도로 모티브에서나 제작 과정에서나 친환경적인 디자인을 내세운다. 대표적인 브랜드로는 아르텍Artek, 아라비아 핀란드ArabiaFinland, 이딸라iittala, 마리메꼬Marimekko 등이 있다.

북유럽 빈티지

가장 최신의 것, 새것만을 최고로 여기는 우리에게는 조금 낯선 문화 '빈티지'. 새 제품은 사용할수록 가치가 깎이지만, 빈티지 제품은 오래 소장할수록 가치가 높아진다는 데 그 매력이 있다.
낡았지만 은은하게 세월을 품은 북유럽의 빈티지 제품을 만나보자.

빈티지? 앤티크? 세컨핸드?

빈티지, 앤티크, 세컨핸드. 북유럽을 여행하다 보면 유독 많이 마주치는 단어다. 얼핏 다 중고 제품을 칭하는 동의어가 아닌가 싶지만, 자세히 살펴보면 그 뜻은 미묘하게 갈린다. 정확한 법칙이 있는 건 아니지만, 보통은 세월에 따라 100년 이상 된 제품은 '앤티크', 100년 이하의 역사를 지닌 물건은 '빈티지'라고 칭한다. '세컨핸드'는 빈티지와 비슷한 개념으로, 우리말로는 '중고'라고 번역할 수 있는, 북유럽에서는 적절한 가격에 일상에서 필요로 하는 제품을 구한다는 개념으로 쓰이기도 한다. 개인적으로 낡았지만, 세월을 은은하게 머금고 있는 빈티지와 새 제품의 가장 큰 차이점은 "손때 묻은 따뜻함"이라 할 수 있다. 더불어 디자인이나 패턴들도 공정이 복잡할지라도 아름다운 핸드페인팅이나 수작업으로 만들어져있어, 가치도 더 높고 더 인간적으로 다가온다고 볼 수 있다.

북유럽의 인테리어가 유행하면서 자연스럽게 북유럽의 빈티지 아이템도 주목받기 시작했다. 특히 핀란드와 스웨덴의 세라믹 제품, 덴마크의 가구는 세계적으로도 빈티지 매니아가 많은 품목이다. 미드센추리 모던 디자인은 1900년대 중반, 즉 1950~1960년대 전후의 세련되고 실용적인 디자인을 뜻하는 말로, 북유럽의 내로라하는 핀율Finn Juhl, 한스 베그너 Hans J. Wegner, 아르네 야콥슨Arne Jacobsen, 스티그 린드베리Stig Lindberg, 알바 알토Alvar Aalto, 울라 프로코페Ulla Procope등의 거장 디자이너와 건축가가 활발히 활동했던 북유럽 디자인의 토대가 되는 시기이자 황금기로 여겨진다. 현재에도 이들 디자이너의 작품들은 수요에 비해 제품이 희소성이 있어 가치가 아주 높다.

일석이조, 재활용의 세계

빈티지나 세컨핸드 제품을 논할 때 자주 거론되는 단어가 있다. 바로 리사이클링Recycling과 업사이클링Upcycling. 리사이클링은 우리가 아는 '재활용'을, 업사이클링은 '재활용을 통해 이전보다 더 큰 가치를 창출하는 과정'을 뜻한다. 북유럽에서 빈티지나 세컨핸드 제품을 적극적으로 활용하는 것은 그들이 검소하기 때문이기도 하지만, 다른 한편으로는 '환경'에 늘 관심을 기울이고 있기 때문이기도 하다. 빈티지 제품을 사용함으로써 새로운 제품 구매로 인한 자원 낭비를 막을 수 있고, 더 나아가 환경오염까지도 줄일 수 있다는 것이다.

오래되고 고장난 물건일지라도 고쳐서 쓰는 문화를 지향하고, 새 제품과 빈티지 제품을 적절하게 섞어 사용하는 그들의 인테리어와 패션은 오히려 개인의 취향을 더욱 잘 표현하는 특유의 멋스러움이 배어난다.

높은 물가, 그리고 더 높은 복지 수준

북유럽 물가와 판트

흔히들 '북유럽의 물가'는 여행자들의 가장 큰 걸림돌이라고들 한다. 쇼핑할 때 영수증을 보더라도 높게는 세금을 25%까지나 무는 곳들도 많다. 현지인들은 임금의 60% 내외를 세금으로 내는데, 외부인들의 걱정과 달리 현지인은 이 높은 세금에 그리 큰 불만은 없다고 한다. 아마도 낸 만큼 되돌려받는 복지에 만족하기 때문이 아닐까?
다시 여행자의 입장으로 돌아와, 북유럽 여행의 가장 큰 벽인 물가에 대해 너무 걱정할 필요는 없다. 점심시간 할인인 런치딜Lunch Deal을 이용하거나, 카페에서 저렴하고 가볍게 끼니를 때울 수 있고, 모두 알다시피 숙소에서 직접 요리를 해먹으면 예산을 크게 줄일 수 있다. 의외로 북유럽의 마트와 편의점 등 생활물가는 저렴한 편이다(북

유럽에서 장을 볼 때마다 문득 서울의 물가 또한 만만치 않음을 느낀다). 쇼핑이 목적이라면 북유럽의 브랜드별 세일 혹은 아웃렛 매장을 잘 공략하자. 몇몇 백화점의 경우 여권 지참 후 여행자 할인이나 택스리펀드를 받으면 정상가에서 20% 내외의 가격을 절감할 수 있다.

PLUS
티끌 모아 태산, 판트Pant로 절약하기

푼돈이긴 하지만 티끌 모아 태산이니 판트도 잊지말자! '판트'는 북유럽 국가들 및 독일 등의 몇몇 국가에서 시행하는 '병 보증금'이다. 판트 마크가 새겨진 패트와 캔, 유리병을 반납하면 돈을 환급해준다. 등급마다 마크가 다르며, 보통 병하나당 50~300원 정도를 돌려받을 수 있다. 판트 가능 제품은 영수증에도 표기되니 확인하자.

<판트받는 방법>

1. 판트 가능 제품인지를 먼저 확인하자. 제품 뒤 판트 마크나 영수증에 판트 비용 추가 결제 여부를 확인하면 된다.
2. 음료를 다 마신 후 슈퍼마켓 내 판트 기계를 찾는다.
3. 판트 마크가 잘 보이도록 패트와 캔, 병 등을 넣어 인식시킨다.
4. 인식되지 않는 병은 옆 쓰레기통에 버린다. (인식 완료된 병은 기계 안으로 수거됨)
5. 병을 다 인식시킨 후 완료 버튼을 누른다.
6. 기계에서 영수증을 받아 슈퍼마켓의 캐셔에게 낸 뒤 현금으로 돌려받는다. 물건을 새로 구매할 예정이라면 구매 금액에서 판트 지급액을 차감하기도 한다.

아이를 위한 나라는 있다

아이와 함께 여행하기 좋은 북유럽. 어디를 가나 북적이는 여느 유럽의 대도시와 달리 북유럽의 도시는 여유롭다. 그래서인지 평일 오후나 주말에는 유모차를 끌고 나온 아빠들 행렬이 이어진다(사실 코펜하겐에서는 아이를 태우고 끄는 자전거가 더 많이 보인다). 일명 라테파파Latte Papa! 한 손에는 라테를 들고, 다른 한 손으로는 유모차를 끄는 아빠들을 일컫는 말이다. 실제 북유럽에서는 아빠들의 육아 휴직 비율이 90%에 달한다. 대부분 회사가 육아휴직을 허용하며, 기간도 1년 혹은 그 이상으로 매우 긴 편이다.

대부분 유럽 도시가 살기 좋은 곳으로 꼽히지만, 대도시에서 유모차를 끌고 대중교통을 이용하는 건 엄두가 나지 않는 일이다. 지하철 엘리베이터를 찾느라 수 십분을 소비하는 경우도 있다. 하지만 스웨덴에서만큼은 다르다. 유모차와 함께 버스에 탑승하면 5500원 정도에 육박하는 버스비가 무료다. 핀란드에서는 아이가 태어나면 정부에서 유아용 침구를 비롯한 양육에 필요한 베이비 키트를 무료로 나눠준다. 가정마다 빈부차는 있더라도 아이만큼은 차별 없이 키울 수 있기를 바라는 따뜻한 마음이 담겨 있다. 이외에도 많은 복지 정책이 있겠지만, 이쯤만 봐도 여러모로 아이 키우기 좋은 환경임은 틀림 없다.

경험으로부터의 배움, 북유럽식 교육법

북유럽의 교육은 자연 친화적이며, 경험을 중요시하는 것으로 유명하다. 어릴 때부터 야외 활동을 하며 자란 아이들은 커서도 여름 별장이나 캠핑을 즐기는 등 북유럽의 자연 친화적 교육은 그들의 식생활과 여가생활 등 삶 전반에 영향을 준다. 책을 통해서만 세상을 배우지 않고, 자연 속에서 적극적으로 자아를 찾으며 높은 삶의 질과 만족감을 느끼게 되는 것이다.

또한 북유럽 사람들은 경험과 체험을 아주 중요하게 여기는데, 예를 들면 자전거의 도시 코펜하겐의 학교 중에서는 자전거에 대해 배우는 수업 시간도 있다. 타는 방법뿐만 아니라 자전거의 구조나 수리법을 배우기도 한다. 북유럽에서는 유치원생부터 중고등학생까지, 나이와 상관없이 현장학습을 떠나는 무리를 자주 만나볼 수 있다. 하루는 비가 쏟아지는 궂은 날씨에 대여섯 살 유치원생들이 옹기종기 버스에 타길래 이 날씨에 어딜 가는지 궁금해 물어본 적이 있다. 아이의 대답은 박물관이었다. 박물관이나 공원, 미술관 등 체험할 수 있는 곳이면 어디든, 언제고 상관없는 것일까? 여담이지만, 유치원생 아이조차도 영어로 대답할 정도로 북유럽인들의 영어는 수준급이니 소통에 대해서는 크게 겁먹지 않아도 좋겠다

PLUS
알바생, 자네 몇 살인가?

물가가 비싼 도시에 사는 북유럽 청소년들에게는 용돈이 마냥 부족하기만 하다. 그래서인지 북유럽의 편의점이나 패스트푸드점을 찾으면 14~15살밖에 되지 않은 어린 청소년이 아르바이트하는 모습을 심심치 않게 볼 수 있다. 한편 덴마크의 경우는 자국이나 EU 국가 대학생에게 월 50~100만원 가량의 보조금을 제공한다고 하는데, 그 이유는 단지 공부에 집중하라는 의미이다.

인터넷 사용과 유심칩

유럽 대륙 국가들과는 달리 북유럽은 인터넷 강국이다. 한국에서만큼은 아니지만 뒤지지 않을 정도의 인터넷 속도를 내며, 백화점과 쇼핑몰 등에서는 대부분 무료 와이파이를 제공한다. 유럽에서는 심카드Sim Card라고 불리는 선불 유심칩은 'EE'나 '3Three'를 주로 사용한다. 북유럽뿐만 아니라 영국, 프랑스, 독일 등 유럽 30여개 국가에서도 사용할 수 있으며, 요금은 한 달에 20€ 내외. 심카드 비용은 별도다. 여행 기간이 짧다면 통신사의 데이터 로밍이나 국내에서 판매하는 유럽 통합 유심 사용도 고려해볼 만하다.

수퍼마켓과 생필품 쇼핑

물가가 비싼 북유럽이지만 생활용품이나 식품 등 마트 물가는 비교적 높지 않다. 도시마다 터줏대감처럼 자리한 현지 마트에서 장을 보는 건 색다른 재미다. 바다와 인접해 해산물이 풍부하고 저렴한 편이며, 차나 초콜릿, 에코백 등 질 좋은 기념품을 저렴하게 쇼핑할 수 있다. 또한 전통시장이나 야외 마켓에서는 더욱 저렴하고 싱싱한 식자재 종류가 다양하니 한 번쯤은 구경해볼 만하다. 여행할 때 꼭 들르게 되는 편의점에서도 간단한 음료와 스낵, 생필품을 꽤 저렴하고 다양하게 만나볼 수 있다.

PLUS
도시별 추천 현지 슈퍼마켓

코펜하겐 : 이야마Irma, 네토Netto, 레마1000Rema1000
오슬로 : 쿱Coop, 키위Kiwi, 요커Joker
트롬쇠 : 쿱Coop, 키위Kiwi, 요커Joker, 유로스파Eurospar, 리미Rimi
스톡홀름 : 이카ICA, 헴쾹Hemköp, 쿱Coop, 코리안 푸드Korean Food
헬싱키 : K마켓K-market, S마켓S-market, 시와SIWA, 알레파Alepa

스몰팁!

1. 인건비가 비싼 북유럽 국가들은 거의 모든 버스 티켓이 버스를 타서 기사에게 티켓을 구입하면 더욱 비싸진다. 티켓 머신이나 스마트폰 애플리케이션 등으로 비대면 구입을 하도록 하자!

2. 북유럽은 신용카드 사용이 95%이상 가능한 캐쉬 프리(현금이 필요없는) 나라들이다. 하지만 개인적으로는 항상 소액의 현금은 가지고 다니라고 추천하고 싶다. 득템의 기회가 많은 벼룩시장이나 빈티지 숍들은 현금만 받는 곳들도 많다. 또한 몇몇 도시는 버스 기사에게 티켓을 살 때를 비롯해서 소액의 현금이 갑자기 필요한 적이 많았다. 항상 그렇게 자주 보이던 ATM(캐쉬 머신)은 현금이 정말 필요할 땐 잘 보이지 않는 법!

각종 할인을 노리자!

미술관이나 박물관에 방문할 예정이라면 일주일 혹은 한 달에 한 번 있는 무료입장 일정을 먼저 체크해보자. 만약 학생이라면 국제학생증을 발급해 가져가는 것도 절약할 수 있는 팁이다.
코펜하겐의 마가신 뒤노르, 헬싱키의 스톡만에서는 약 10%의 외국인 할인을 제공한다(제외 브랜드 있음). 또한 대부분 매장에서 택스 리펀드를 제공하므로 구매 전 조건 등을 확인하자. 북유럽은 세금이 비싼 편이므로 약 15% 내외로 택스 리펀드 금액이 적지 않다. 대부분 북유럽에서 여름 정기 세일은 7월 전후, 겨울 정기 세일은 크리스마스 전후로 시작하니 쇼핑을 계획 중이라면 이 시기를 노려보자.

덴마크
코펜하겐

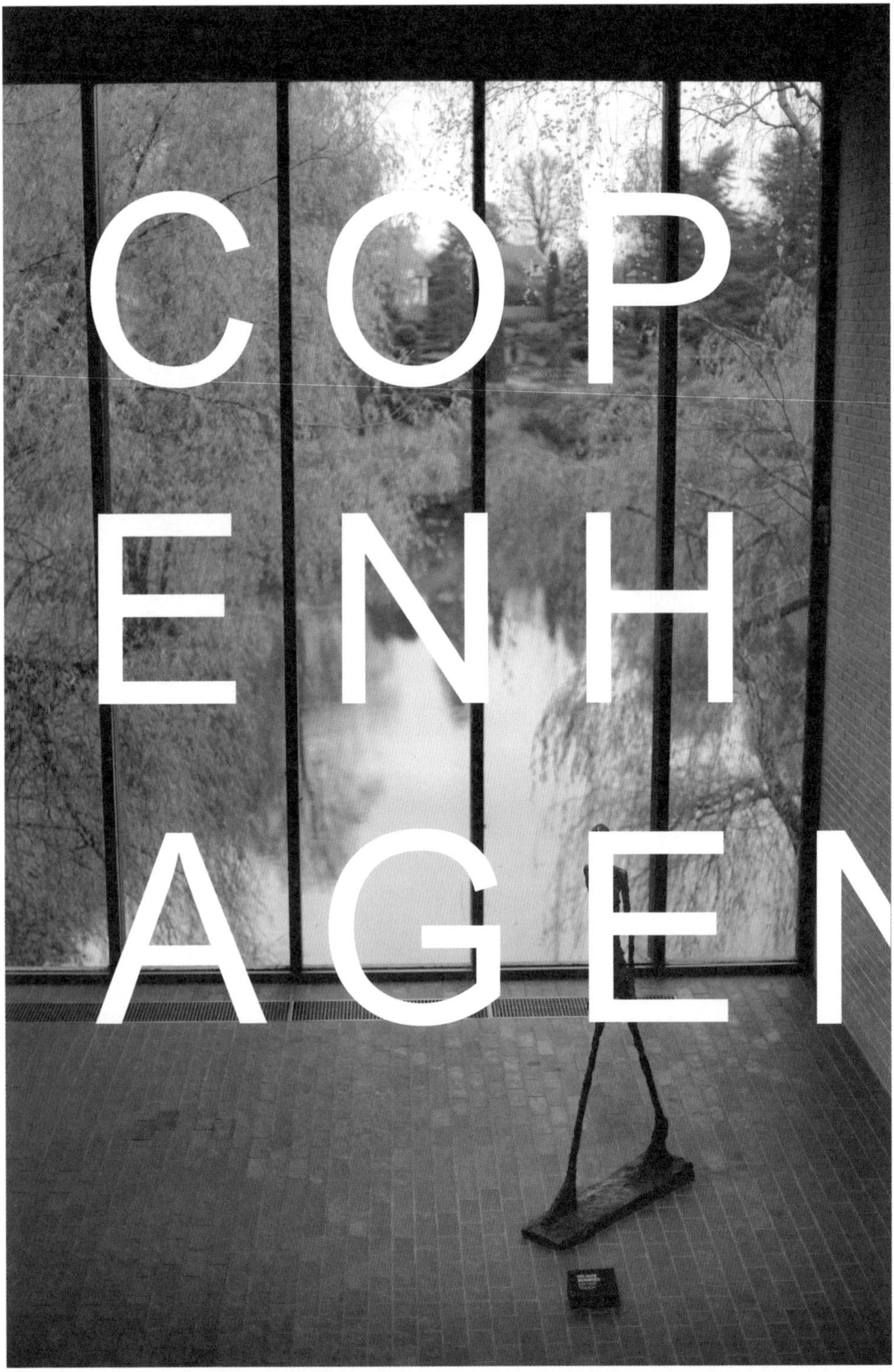
COP
ENH
AGEN

코펜하겐
" 동화 속에 들어온 듯한 행복한 현실 세상 "

코펜하겐은 덴마크의 수도답게 덴마크의 휘게 Hygge(편안하고 안락한 일상의 행복)를 즐기기 가장 좋은 도시이다. 덴마크인
들의 대표적인 휘게중 하나는 '아늑한 조명이 켜진 공간 속 편안한 의자에 앉아 맛있는 음식을 사랑하는 이들과 함께 즐기는
것'이란다. 또한 코펜하겐은 세계적으로 인정받는 미식 천국이다. 특히 고급 코스 요리를 제공하는 파인다이닝이 수준급이다.
한국의 파인다이닝 레스토랑과 비교했을 때 가격 차이가 크지 않으니 여행에서 한 번쯤 부려볼 만한 사치 아닐까?
많은 이들을 코펜하겐으로 이끄는 다른 강력한 힘이 있으니 바로 '인테리어 용품 쇼핑'이다. 가구, 조명, 식기 등 수많은 숍과
백화점을 샅샅이 훑으려면 일주일도 부족하다. 물론 아무것도 사지 않는다 하더라도 눈호강은 보장된다. 덤으로 인테리어 감
각까지 얻어올 수 있다. 어느 공간에 들어서도, 길을 걷다 마주치는 모든 곳에 '진짜 북유럽 인테리어'가 기다리고 있는 곳.

루이지애나
미술관

KØBENHAVN

Østerbro

NØRREBRO
뇌레브로

카스텔레요새

인어공주상

Frederiks
berg

København K
센트럴(도심)

Christiania
크리스티아니아

중앙역 ★
København H

Amager
공원 & 해변

Vesterbro
베스터브로

Amager
공유지, Fælled
(공원)

Malmö
스웨덴 말뫼

Kastrup ✈

#1   1 인 1 자전거 필수! 자전거의 나라 코펜하겐에서 자전거 타기

어렸을 때부터 자연스럽게 자전거를 접한 덴마크 사람들에게 자전거는 생활 그 자체다. 출퇴근 시간에는 100대도 넘는 자전거가 일사불란하게 도로를 달리는 진풍경이 펼쳐지기도 한다. 코펜하겐을 이해하는 가장 좋은 방법은 직접 자전거에 올라타는 것! 호텔에서 무료나 싼 요금에 자전거를 빌려주는 서비스를 제공하니 이용 해보자.

현지인들은 자전거 도로에서 무척 속도를 내는 편이다. 항상 친절한 덴마크인들이지만 자전거를 탈 때만큼은 날카로워지는데, 그만큼 안전에 주의를 기울이기 때문이다. 규칙만 확실히 지키면 문제가 없으니 자전거를 탈 때 주의할 점을 숙지해 안전운행하자.

● 자전거 이용 시 주의!
1. 인도와 자전거 도로를 확실하게 구분하자. 코펜하겐 사람들은 절대 자전거 도로로 걷지 않는다. 마찬가지로 인도에서는 자전거에서 내려 자전거를 끌어야 한다.
2. 자전거도 차로 간주하므로 자동차 신호를 준수해야 한다.
3. 자동차의 깜빡이를 켜듯 자전거를 탈 때는 손으로 수신호를 한다. 좌·우회전 시 이동하는 방향으로 팔을 들면 되고, 정지할 때는 뒷사람이 볼 수 있게 손을 어깨 위로 살짝 든다.
4. 자전거 도로에서 급정거하지 않는다.
5. 음주 운전 시 한화 약 30만 원에 달하는 벌금을 내게 된다.
6. 헬멧 착용이 필수는 아니지만 안전을 위해 착용을 추천한다.

Access   코펜하겐 중앙역에서 버스 26,
         1A 탑승 후 10분 정도 도보, 약 30분 소요
Add   Langelinie, 2100 København Ø

@ 코펜하겐의 작은 상징,
인어공주 동상 The little Mermaid/Den Lille Havfrue

많은 관광객이 코펜하겐에 들르면 꼭 찾는 바다 옆의 자그마한 인어공주 상이다. 1913년 조각가 에드바르 에릭센이 만든 작품으로, 안데르센의 동화 작품 중 가장 유명한 이야기 속 주인공이라 인증샷 모델로 빠지지 않고 등장한다. 카스텔레 요새나 운하 근처를 산책할 때 들르면 좋다.

코펜하겐 이스트
Access   코펜하겐 중앙역에서 버스 26, 1A 탑승 후 10분 정도 도보, 약 30분 소요
Add   Langelinie, 2100 København Ø

추천 루트
복잡한 도심에서 벗어나 시원한 바닷바람을 맞으며 라이딩을 즐겨보자.
특히 코펜하겐의 상징인 '인어공주 상'이 있는 카스텔레 요새Kastellet 와
링게리니 거리Langelinie 주변은 자전거를 타기에도, 산책하기에도
더할 나위 없는 곳이다. 또한 코펜하겐을 가로지르는 메인 운하인 코펜하겐스
운하 Kobenhavns Havn 주변도 여유 있게 둘러보기에 좋다.

#2 히피들의 프리타운, 코펜하겐 안의 또 다른 자치구, 크리스티아니아 Christiania

오래전 해군 기지가 자리했던 이곳은 히피와 예술가, 빈민가들이 모여 살던 땅이었다. 지금은 독립적인 자치구로 승격해 한 마디로 코펜하겐 안에 있지만, 코펜하겐과는 별도의 법이 적용되는 아예 다른 세상이다. 이곳에서는 대마초 거래가 합법이고 자가용은 통행이 금지이며, 사진 촬영 또한 엄격히 제한된다. 그들만의 규칙을 따르는 자유로운 분위기와 저렴한 이곳의 물가 덕에 코펜하겐 현지인들도 관심을 갖는 매력적인 땅이다. 호기심을 자극하는 색다른 곳이지만, 해가 진 후에는 위험할 수 있으니 가급적 낮에 방문하는 것이 좋다.

코펜하겐 이스트

Access   코펜하겐 중앙역에서 버스 2A 탑승, 약 15분 소요
Add   Pusher Street, 1440 København K
Web   www.christiania.org

#3   it Area 코펜하겐의 가로수길, 예어스보겔 거리 Jægersborggade

코펜하겐 센트럴의 북서쪽으로 떨어진 예어스보겔 거리는 디자인 & 아트숍, 레스토랑, 카페 등이 밀집한 힙(Hip)한 스트리트다. 보기에는 다 똑같아 보이는 코펜하겐의 거리지만 예어스보겔 거리를 따라 이어지는 모든 가게는 하나하나 주옥같으니 놓치지 말자.

뇌레브로

Access   코펜하겐 중앙역에서 버스68 5C번 탑승, 25분 소요
Add   Jægersborggade, 2200 København

@수퍼킬렌 공원 Superkilen Park

예어스보겔 거리까지 왔다면 세상 어디에도 없는 유니크한 공간, 수퍼킬렌 공원에 꼭 들러보자. 공원 바닥을 붉은 분홍색으로 칠해 세계의 주목을 받은 이곳은 코펜하겐의 숨은 포토 스폿이다.

수퍼킬렌 공원은 이민자가 모여 사는 낙후한 지역이었던 뇌레브로의 여러 지역 문제를 개선하고자 시작한 공공사업으로 탄생했다. 붉은 페인트로 덮인 핑크핑크한 붉은 광장과 굴곡진 흰 선이 황량한 아스팔트 위를 수놓은 두 공간으로 나뉘어 각각의 개성을 발휘하는 포토제닉 공원이 탄생한 것. 다양성을 존중하며, 그를 시각적으로 풀어내는 북유럽판 디자인을 현실화한 대표적인 곳이다.

뇌레브로

Access   예어스보겔 거리에서 도보 약 10 분
Add   Nørrebrogade 210, 2200 København
Web   www.visitcopenhagen.com

Signature Copenhagen

평범한 미술관이나 공원도 코펜하겐이라면 특별하다. 놓치면 섭섭한 코펜하겐의 시그니처 스폿들.
여행 인증샷도 이곳에서라면 어디든 엽서 퀄리티를 보장한다.

코펜하겐의 역사가 살아 숨 쉬는 항구,
뉘하운 Nyhavn

'새로운 항구'라는 뜻의 뉘하운은 코펜하겐 København(덴마크어로는 쾨벤하운)을 대표하는 항구이자 랜드마크다. 항구 중심으로 상업이 발달했던 과거에 상인들을 맞이하던 시끌벅적한 주점들은 현재 알록달록한 레스토랑과 카페로 탈바꿈해 여행자를 반긴다. 코펜하겐에 왔다면 뉘하운 앞, 색색깔 건물이 늘어선 동화 같은 배경으로 인증샷은 필수! 덴마크 최고의 관광지답게 다소 비싸지만, 해 질 녘 맥주 한 잔과 함께라면 완벽한 인생 여행지로 기억될 만한 곳이다.

센트럴

Access   콩스 뉘토르프Kongens Nytorv 지하철역에서 도보 5분
Add   Nyhavn 1-71, 1051 København K

@ 코펜하겐 보트 투어

날씨가 좋다면 뉘하운에서 출발해 오페라 하우스, 코펜하겐 도서관 등 다양한 명소를 거쳐가는 보트 투어를 추천한다. 30~40명 정도가 한 배에 탑승하는 카날 투어Canal Tour와 일행과의 오붓한 시간을 즐길 수 있는 프라이빗 보트 투어Private Boat Tour 두 가지 종류가 있다. 코펜하겐 카드가 있다면 뉘하운에서 출발하는 카날 투어(1인 약 200DKK)를 무료로 즐길 수 있다. 프라이빗 보트 정원은 8명 이내로, 가격은 인원수에 상관없이 1시간에 약 500DKK다. 프라이빗 보트 투어에 대한 정보는 홈페이지나 인포메이션 센터에서 얻을 수 있다.

Add   카날 투어 Ved Stranden 26, 1061 København
Web   카날 투어 www.stromma.dk
          프라이빗 보트 투어 www.goboat.dk

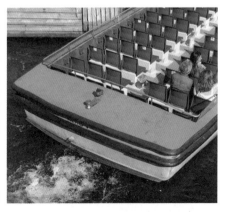

어린이, 어른이 모두 모여라!
티볼리 공원 Tivoli

170년이 넘은 역사를 자랑하는 테마파크 계의 조상님. 세계에서 두번째로 오래된 테마파크이자 코펜하겐의 대표 공원이다. 안데르센의 친구 기오 카르스텐센이 설립한 이곳은 어린이도, 어른도 동심 찾기 딱 좋은 분위기. 놀이기구 이용요금은 입장료와 별도이나, 꼭 놀이기구를 타지 않더라도 아기자기한 공원을 한 바퀴 둘러보는 것만으로 충분히 만족스럽다. 낮에는 가족들의 피크닉 장소로, 밤에는 연인들의 로맨틱한 데이트 코스로 반전 매력을 뽐내는 곳. 조명이 불을 밝히는 밤의 야경은 보는 이의 혼을 쏙 뺄 만큼 아름다우니 로맨틱한 분위기를 연출하고 싶다면 놓치지 말자.
카페, 레스토랑, 호텔 등 공원 내 편의시설은 전체적으로 가격이 비싼 편이니 참고할 것. 보통 겨울에는 문을 닫고 여름(4~9월)과 할로윈(10월 말), 크리스마스 시즌에만 오픈한다.

센트럴
Access 코펜하겐 중앙역에서 도보 3분
Add Vesterbrogade 3, 1630 København V
Open 11:00~22:00(금·토 ~24:00)
  /겨울·비시즌 휴무(홈페이지 참고)
Cost 입장료100DKK(놀이기구 별도)
  /코펜하겐 카드(입장)
Web www.tivoli.dk

미술과 자연이 만나는 바다 옆 미술관,
루이지애나 현대미술관 Louisiana Museum of Modern Art

바다와 맞닿은 미술관 풍경만으로도 방문 가치가 급상승하는 곳. 세계에서 가장 아름다운 미술관 중 하나로 꼽힌다. 작품 수는 그리 많지 않지만 현대미술을 잘 모르더라도 직관적으로 감상할 수 있는 작품과 여유로운 공간들로 구성되어 있어 마음 편히 들러볼 만하다. 미술관 내에 자리한 루이지애나 카페는 파노라마로 펼쳐지는 바다를 배경 삼아 식사와 커피를 즐길 수 있어 현지인들의 사랑을 독차지하는 힐링 스폿. 다양한 포스터와 하이 퀄리티의 소품들을 판매하는 기념품 숍도 놓치지 말자.
코펜하겐 중앙역 티켓매표소에서 홈레백 행 기차표와 미술관 입장권을 함께 구매할 수 있다.

홈레백

Access	코펜하겐 중앙역에서 기차 탑승.
	홈레백Humlebæk 역 하차(약 35분 소요) 후 도보15분
Add	GlStrandvej 13, 3050 Humlebæk
Open	11:00~22:00(토·일·공휴일 ~18:00)/월 휴무
Cost	125DKK/코펜하겐 카드
Web	www.en.louisiana.dk

덴마크의 전통과 자유로운 삶이 깃든,
토르브할렌 푸드마켓 Torvehallerne KBH

현지인의 일상을 엿보기에 시장만큼 좋은 곳이 있을까. 식사부터 디저트까지 코펜하겐의 식탁을 책임지는 토르브할렌 푸드마켓은 주민들의 사랑을 듬뿍 받는 전통시장이다. 샌드위치부터 동남아 음식까지 음식 종류도 다양하며, 각 부스에서 구매한 음식은 실내 혹은 야외 테이블에서 먹을 수 있다. 덴마크 전통음식이 궁금하다면 덴마크식 오픈 샌드위치를 파는 스뫼레브뢰드HALLERNES SMØRREBRØD와 서양식 죽 데니쉬포리지를 판매하는 그뢰드GRØD를 추천한다.

식료품뿐만 아니라 꽃과 식물도 판매해 눈까지 덩달아 즐거워진다. 간단한 식사는 100-150DKK 내외

센트럴
Access   뇌레포트Nørreport 지하철역에서 도보 2분
Add   Frederiksborggade 21, 1362 København
Open   10:00~19:00(토-일 10:00~18:00)
Web   www.torvehallernekbh.dk

@ 덴마크 시장에도 한식당이?! 코판 Kopan

푸드트럭(코판 스트리트)으로 시작해 어엿한 매장을 오픈한 코펜하겐 최고의 한류 식당이다. 푸드트럭과 식당 모두 토르브할렌 근처에서 운영 중. 호떡과 퓨전 비빔밥이 유명하니 집밥이 그리워질즈음 찾아보자. (코판 레스토랑 일-월 휴무, 단품 약 80DKK)

MORE. 코펜하겐을 빛내는 대표 건축물

멋진 인테리어로 유명한 코펜하겐에는 인테리어 못지않게 뛰어난 건축물도 다양하다. 카날 투어나 프라이빗 보트 투어를 이용하면 코펜하겐의 마천루를 한눈에 담아볼 수 있다. 운하를 끼고 자리한 코펜하겐의 대표 건축물을 만나보자.

룬데토른(라운드 타워) Rundetaarn

400년 전 지어진 천문대로 지금은 도시를 내려다보는 전망대로 사용한다. 흔한 유럽의 계단으로 오르는 전망대가 아니라 더욱 특색있다. 예로부터 마차가 오를 수 있게 만들어진 나선형의 경사로를 따라 꼭대기에 오르면 선선한 바람과 탁 트인 코펜하겐 구시가 전망이 펼쳐진다. 타워 중간에는 작은 전시 공간과 카페가 마련돼 있으니 잠시 지친 다리를 쉬어가자.

센트럴

Access	코펜하겐 중앙역에서 도보20분
Add	Købmagergade 52A, 1150 København
Open	10:00~20:00(여름시즌,시즌별로 상이)
Cost	25DKK/코펜하겐 카드
Web	www.rundetaarn.dk

왕립 도서관 Det Kongelige Bibliotek

덴마크인들이 지식에 대한 열정을 담아 정성스레 지은 왕립 도서관이다. 검은 화강암으로 지어져 '블랙 다이아몬드'라 불리는 신관은 해 질 무렵이면 보석 같은 야경을 선보인다. 건물 안에서 창밖으로 보이는 잔잔한 운하는 놓쳐선 안 될 뷰 포인트. 코펜하겐 대학 도서관을 겸하고 있어 자유롭게 책을 보는 학생들의 모습도 볼 수 있다. 도서관 입구에 자리한 카페와 레스토랑도 분위기와 맛이 수준급이다.

센트럴

Access	코펜하겐 중앙역에서 도보18분
Add	Black Diamond, SørenKierkegaardsPlads 1, 1221 København K
Open	09:00~19:00(토 ~18:00)/일·공휴일 휴무
Web	www.kb.dk

크리스티안보르 궁전 Christiansborg Slot

1794년 화재로 성이 불타기 전까지 왕이 거주하던 곳으로, 현재는 재건돼 국회의사당으로 사용한다. 리셉션 룸, 로열 키친, 기사의 방, 연극 박물관 등 볼거리를 갖춘 화려하고 웅장한 궁전 내부는 가이드 투어로 둘러볼 수 있다. 아름답기로 소문난 전망대 뷰는 놓치지 말자. (궁전 전망대는 무료입장)

센트럴

Access 코펜하겐 중앙역에서 도보20분
Add   Prins Jørgens Gård 1, 1218 København
Open   10:00~17:00(룸마다 오픈 시간 다름, 홈페이지 참고)/
        10~4월, 월 휴무
Cost   160DKK/코펜하겐 카드
Web   www.kongeligeslotte.dk

휘게를 알면 행복이 보인다! 가장 행복한 나라

덴마크인들의 삶 전반에 가장 강력한 영향력을 발휘하는 단 하나의 단어 '휘게 Hygge'.
덴마크어로 편안하고 안락한 일상의 행복을 뜻한다.
우리나라의 소확행(소소하지만 확실한 행복)이나, 미국의 킨포크(지인들과의 소박하고 행복한 삶)와 비슷한 느낌이랄까.
아날로그 감성 충만한 느긋한 덴마크식 행복 휘게를 실제로 마주할 기회다.

햇살이 가득한 정원과 조각품에 둘러싸인 커피 한 잔,
뉘 칼스버그 미술관 Ny Carlsberg Glyptotek

맥주회사 칼스버그에서 만든 조각 미술관. 그리스와 이집트, 프랑스 등 과거 몇백 년 전의 조각 작품부터 고갱의 그림까지 조각과 회화를 아우르는 작품 리스트가 뛰어나다. 코펜하겐 사람들이 평일, 주말 가리지않고 방문해 예술적 영감을 가득 받아 가는 곳. 중앙 정원 천장으로 해가 드는 낮에도 분위기가 좋지만, 해가 진 뒤 저녁의 미술관도 그에 못지않게 참 아름답다.
특히 미술관 안에 자리한 카페는 그 자체로 미술관을 찾을 목적이 될 만큼 인기다.
낮에는 커피 브레이크를 즐기려는 사람들로, 해가 진 뒤에는 가볍게 술 한 잔 기울이려는 사람들로 사시사철 붐빈다.

센트럴

Access	코펜하겐 중앙역에서 도보 8분
Add	Dantes Plads 7, 1556 København
Open	10:00~17:00(목 ~21:00)/월 휴무(공휴일에는 오픈 시간 확인 필수)
Cost	125DKK/매주 화 무료/코펜하겐 카드
Web	www.glyptoteket.dk

코펜하겐을 닮아 우아한,
아틀리에 셉템버 Atelier September

"덴마크인의 삶에서 커피를 빼놓으면 절대 행복할 수 없다."는 말이 있을 정도로 커피는 휘게 라이프의 필수 요소다. 화이트 톤의 정갈한 인테리어와 친절한 스태프, 그리고 부드러운 커피의 삼박자가 어우러진 이곳은 이름처럼 아틀리에를 겸하는 카페다. 내부에 연결된 쇼룸에서 미술이나 디자인 작품을 전시하며 인테리어 용품을 직접 판매하기도 한다.
그래놀라나 오픈 샌드위치 등 요기가 되는 음식들도 가격 대비 훌륭해 점심시간에는 자리를 잡기 힘들 정도다.

센트럴

Access	코펜하겐 중앙역에서 도보 20분
Add	Gothersgade 30, 1123 København
Open	07:30~17:00(토·일 09:00~)
Web	www.cafeatelierseptember.com

친구 집 다락방에 온 것 같은 편안함,
코펜하겐 센트럴 호텔 & 카페 Copenhagen Central Hotel & Café

스칸디나비안 스타일의 프라이빗 호텔로 코펜하겐의 휘게 라이프를 온전히 느낄 수 있는 곳이다. 비스듬한 창문과 빈티지 액자들, 그리고 펜을 들어 편지를 쓰면 딱 좋을 조그마한 책상까지. 감성 충만한 소품 하나하나가 여행자의 로망을 충족시킬 안락한 공간을 완성했다. 사계절 내내 날씨 변덕이 심한 북유럽에서는 외출 전 날씨 확인이 필수인데, 이곳에서는 창문 밖 온도계로 날씨를 가늠할 수 있어 아날로그적 센스가 돋보인다.

단, 룸이 하나밖에 없는 프라이빗 호텔이므로 이곳에서 묵으려면 최소 몇 개월 전에는 예약해야 한다. 가격은 다소 비싼 편인데도 불구하고, 연박이 힘들 정도로 비수기에도 예약이 꽉 차있는 곳이다.예약은 홈페이지에서만, 결제는 페이팔Paypal로 가능하며, 체크인 시간 등 세부 사항은 이메일로(영어,덴마크어) 소통한다.

센트럴

Access	코펜하겐 중앙역에서 도보 10분
Add	Tullinsgade 1, 1618 København
Open	카페 08:00~17:00(토-일 10:00~16:00)
Cost	2인실 2500DKK
Call	+45 33 21 00 95
Web	www.centralhotelogcafe.dk

유러피언의 소확행!
시노버 북스토어 Cinnober Bookstore

여유롭게 읽을 책 한 권과 나만의 공간을 꾸밀 소품을 사는 것은 유러피언들의 소소한 즐거움이다. 코펜하겐 사람들의 엔도르 핀을 자극하는 이곳 시노버 북스토어는 예술과 디자인 서적 등 소장욕을 자극하는 예쁜 책과 노트 등 문구류를 폭넓게 갖췄다. 두는 것만으로도 멋진 소품이 되는 감각적인 책들이 많아 언어의 장벽을 초월한 책 쇼핑이 가능한 곳. 한국과 일본의 브랜드도 종종 보일 만큼 다양한 문구류도 만나볼 수 있다.

센트럴
Access   뇌레포트 역에서 도보 4분
Add   Landemærket 9, 1119 København K
Open   11:00~17:30(토 ~15:00)/일 휴무
Web   www.cinnobershop.dk

Danish Design

완벽한 덴마크식 디자인을 만나다

핀 율 Finn Juhl
아르네 야콥센 Arne Jacobsen
한스 베그너 Hans Wegner
베르너 판톤 Verner Panton
카이 보예센 Kay Bojesen
카레 클린트 Kaare Klint

이 모든 세계적인 거장 디자이너들이 덴마크 출신이다.
스칸디나비안 디자인의 중심을 이끈 디자인 강국 덴마크, 그들의 삶에 녹아있는 섬세한 데니쉬 디자인을 만나보자.

데니쉬 디자인 톺아보기,
디자인 뮤지엄 덴마크 Designmuseum Danmark

덴마크의 전반적인 디자인 역사를 파악할 수 있는 덴마크 디자인의 백과사전. 규모에 비해 방대한 오리지널 작품을 소장하고 있는 이곳 박물관에서는 아르네 야콥슨, 카레 클린트, 핀 율 등 거장들의 작품을 살펴볼 수 있다. 전 세계 인테리어 트렌드를 이끄는 덴마크의 디자인이 집결한 곳인 만큼 일상을 윤택하게 하는 아이디어로 넘쳐난다. 1 층 기념품숍에서는 디자인 상품과 기념품을 판매한다. 박물관에 입장하지 않고도 들를 수 있는 뮤지엄 1 층의 카페에서는 훌륭한 북유럽식 정원을 바라보며 오픈 샌드위치 등 간단한 식사를 즐길 수 있다.

센트럴
Access 콘스뉘토르Kongens Nytorv 지하철역에서 도보 10분
Add   Bredgade 68, 1260 København
Open   10:00~18:00(목 ~20:00)/월 휴무
Cost   130DKK/코펜하겐 카드
Web   www.designmuseum.dk

박물관에 버금가는 프리미엄 빈티지 가구 스토어,
클라식 플래그십 스토어 Klassik Flagship Store

디자인 뮤지엄 덴마크와 뉘하운에서 도보 5분 거리에 위치한 빈티지 숍이다. 박물관에 더 어울리는 핀 율, 한스 베그너 등 거장들의 희귀한 작품들을 가까이에서 볼 수 있는 절호의 기회. 레어 아이템들을 취급하다 보니 가격대는 억 소리 나지만 눈으로 보는 것은 공짜이니 부담 갖지말자. 비교적 자유롭게 구경할 수 있는 분위기로 허락을 구하면 사진 촬영도 가능하다.

센트럴
Access   콘스뉘토르Kongens Nytorv 지하철역에서 도보 10분
Add   Bredgade 3, 1260 København
Open   11:00~18:00(토 10:00~16:00)/일 휴무
Web   www.klassik.dk

덴마크 국민 디자이너의 집,
핀 율 하우스 Finn juhls Hus

핀 율은 1950년대 미드센추리 모던 Mid-Century Modern 디자인을 주름잡은 건축가겸 가구 디자이너로, 스칸디나비안 디자인에 무수한 영감을 준 디자인계의 거장이다. 공법이 까다로워 대량으로 생산할 수 없었던 탓에 핀 율이 활동했던 약 70년 전에도 그의 가구는 늘 구하기 힘든 희귀 아이템이었다고 한다. 당시 비싼 값을 주고도 살 수 없었던 핀 율의 고급스러운 작품들을 만나볼 수 있다.그의 따스한 손길이 곳곳에 묻어 있는 세상 어디에도 없는, 그의 데코레이션을 직접 볼 수 있다. 핀 율 하우스를 둘러보고 난 뒤에 바로 옆에 있는 오르드롭가드 Ordrupgaard 미술관도 함께 보면 좋다.

샤롯덴룬드 Charlottenlund
Access   코펜하겐 중앙역에서 기차C 또는 버스029•388번 탑승,
          약 50분 소요
Add   Kratvænget 15, 2920 Charlottenlund
Open   금~일11:00~17:00(화,목13:00~, 수 ~19:00)/월 휴무
Cost   120DKK
Web   www.ordrupgaard.dk

Tip. 코펜하겐시내 인어공주상 근처의 '하우스 오브 핀율– 가구점'과 헷갈리지말자!

클래식은 영원하다,
로얄 코펜하겐 플래그십 스토어 & 카페
Royal Copenhagen Flagship Store & Cafe

데니쉬 디자인을 논할 때 빼먹으면 섭섭한 로얄 코펜하겐. 이름 그대로 덴마크 왕실의 도자기 브랜드다. 하얀 자기에 블루 페인팅이 시그니처로, 음식 한 접시 한 접시를 예술로 만들어주는 명품 그릇이다. 자그마치 240년이라는 역사를 이어가며 오늘도 덴마크 식탁의 품격을 높이고 있는 로얄 코펜하겐 제품은 스트뢰에 Strøget 거리에 위치한 플래그십 스토어에서 만나보자. 다양한 라인의 제품을 두루 살펴볼 수 있으며, 로얄 코펜하겐 식기를 사용해 스시와 오픈 샌드위치를 결합한 스무시 등 다양한 핑거푸드를 서빙하는 카페 로얄 스무시 Royal Smushi 도 함께 만나볼 수 있다.

센트럴
Access   코펜하겐 중앙역에서 도보15분
Add   Amagertorv 6, 1160 København
Open   10:00~19:00(토 ~18:00, 일 11:00~16:00)
Web   www.royalcopenhagen.com

세월을 머금은 보물 찾기, 빈티지 쇼핑

1950~1960년대 서구를 주름잡던 미드센추리 모던 Mid-Century Modern 디자인의 전성기가 돌아왔다. 티크 우드 소재의 빈티지 가구와 묵직한 색감의 도자기 그릇은 없어서 못 파는 수준이라고.
그만큼 가격이 저렴하진 않지만 느낌만 흉내 낸 요즘 제품들에서는 찾아보기 힘든 깊이가 깃들어 있다.

Tip. 빈티지? 세컨핸드? 다 같은 중고 아닌가요?

- 빈티지 숍 Vintage Shop: 주인의 기호에 따라 제품을 선별한 컬렉션 매장. 일정 수준 이상의 퀄리티를 보장하며 그만큼 가격은 높은 편이다.
- 세컨핸드 숍 Secondhand Shop: 기부나 사업을 통해 의류, 인테리어 소품, 가구 등 다양한 제품을 취급한다. 제품 간 퀄리티 차이가 크며 가격이 상대적으로 저렴하다.

덴마크산 빈티지 그릇으로 빼곡, 안틱케이 Antik K

덴마크 대표 그릇 브랜드인 빙앤그뢴달B&G, 크로니덴Kronjyden, 로얄코펜하겐Royal Copenhagen 의 빈티지 상품을 판매하는 숍이다. 희귀하거나 단종된 제품 라인들도 방대하게 갖춘 실속 있는 매장이다. 빈티지 숍은 현금을 선호하는 경우가 많은데, 신용카드로도 결제 가능한 몇 안 되는 곳 중 하나. 루이스 폴센의 대표적인 펜던트 조명PH5를 비롯해 데니쉬 조명도 판매한다.

센트럴

Access 코펜하겐 중앙역에서 도보15분
Add   Knabrostræde 13, 1210 København
Open   12:00~17:00(목·금 ~17:30, 토 ~15:00)/일·월 휴무
Web   www.antikk.dk

주인 할머니의 따뜻한 반지하 공간,
데니쉬클라식 Danishclassic

덴마크 디자인 뮤지엄 근처의 작은 빈티지 숍. 조명, 화병과 그릇을 비롯한 다양한 도자기류 빈티지 제품을 갖췄다. 제품 상태와 디자이너 정보 등을 상세하게 설명해 주는 친절한 주인 할머니가 있어 부담 없이 찾을 수 있다.

센트럴

Access 콘스뉘토르Kongens Nytorv
지하철역에서 도보 5분
Add   Bredgade 16, 1260 København
Open   11:00~17:00(토~15:00)/일 휴무
Web   www.danishclassic.dk

사고팔며 쌓이는 현지인들의 정,
뢰데 코스 세컨핸드 숍 Røde Kors Megastore

코펜하겐 시내를 다니다 보면 붉은 십자가 간판의 세컨핸드 숍들이 꽤 자주 보인다. 덴마크 적십자에서 운영하는 중고 물품 매장을 뜻하는 표시다. 실제로 현지인들은 이곳에서 생필품을 구매하곤 한다. 그릇이나 트레이 등 주방용품을 저렴하게 구할 수 있으니 물건들을 구경하는 재미와 득템의 기회를 동시에 누려보자!
코펜하겐에 많은 매장 중에서는 펠바이 (스트리트명) Fælledvej 에 있는 지점을 추천한다.

뇌레브로

Access 코펜하겐 중앙역에서버스 5C번 탑승 후 20분
Add   Fælledvej 4, 2200 København
Open   10:30~17:30(토 10:00~16:00)/일 휴무
Web   www.rodekors.dk

실속있는 빈티지 쇼핑,
바이르하인 Veirhanen

비교적 저렴한 가격대의 빈티지 숍이라 여행자들이 쇼핑하기에는 이만한 곳이 없다. 크로니덴Kronjyden사의 릴리프Relief 라인을 비롯한 빈티지 데니쉬 도자기 브랜드 제품을 다양하게 갖추었다. 1층과 지하에 걸쳐 브라스(황동) 촛대나 유리접시 같은 앤티크 소품들도 만나볼 수 있다. 다른 빈티지 숍들과 마찬가지로 현금 구매를 권장한다.

뇌레브로
Access   코펜하겐 중앙역에서버스 5C번 탑승 후 20분
Add   Ravnsborggade 7, 2200 København
Open   11:00~17:30(토 ~15:00)/일,화 & 부정기 휴무
Web   www.veirhanen.dk

MORE. 라운스보겔 거리 Ravnsborggade

센트럴에서 약간 떨어진 뇌레브로 Nørrebro 근처의 라운스보겔 거리는 젊은이들이 자주 모여가는 핫한 스트리트다. 떠오르는 맛집, 와인 바, 카페들이 빼곡한 곳으로, 예전에는 빈티지 숍들이 늘어선 거리가 유명했다. 몇 년 전부터 거리가 변화하며 기존 빈티지 숍들은 대부분 비교적 저렴한 베스터브로 Vesterbro 지역으로 자리를 옮겼는데, 아직도 거리 곳곳에 알찬 빈티지 숍들이 자리를 지키고 있으니 라운스보겔 거리에 들렀다면 빈티지 숍에 들러 득템 기회를 노려보자.

Acc   코펜하겐 중앙역에서 버스 5c 탑승 15분 소요
Add   Ravnsborggade, 2200 København, Denmark

행복의 원천, 덴마크 인테리어

덴마크인들의 휘게 라이프는 행복한 '집'에서 시작된다. 덕분에 덴마크인들은 집을 꾸미는 데 엄청난 공을 들이는데, "덴마크에서는 첫 월급을 받으면 의자를 산다."는 말이 있을 정도로 가구와 소품으로 자신을 표현하는 데 익숙하다. 조명과 가구, 소소한 소품까지 주인을 쏙 닮은 데니쉬 인테리어 탐방을 떠나보자.

플라잉 타이거 코펜하겐보다 한 수 위!
쇠스트레네 그렌 Søstrene Grene

덴마크를 대표하는 인테리어 소품 체인점 '플라잉 타이거 코펜하겐 Flying Tiger Copenhagen'의 라이벌 브랜드. 저렴한 가격과 귀여운 디자인으로 이미 우리나라에서도 큰 인기를 끌고 있는 플라잉 타이거 코펜하겐과 달리 쇠스트레네 그렌은 상대적으로 덜 알려진 덴마크 브랜드다.

브랜드 이름은 덴마크어로 'Grene 자매' 라고하는데, 그렌 집안에서 운영하는 50년이 넘은 인테리어 소품 브랜드이다. 오래된 역사에 비해 소품 하나하나 아주 세련된 스칸디나비안 스타일의 패턴과 톤다운된 파스텔 색상을 사용해 차분하고 고급스러운 디자인을 선보이는 곳. 북유럽 디자인의 유행을 주도하는 인테리어 계의 스파 브랜드라고 할 수 있다.

작은 문구류,주방•욕실용품부터 작은 가구까지 다양하게 판매한다. 코펜하겐에 10개 내외 지점을 보유하며, 유럽 등지와 일본에도 지점이 있다.

센트럴

Access	코펜하겐 중앙역에서 도보15분
Add	Amagertorv 24, 1160 København
Open	10:00~19:00(토 ~18:00, 일 11:00~17:00)
Web	www.sostrenegrene.com

스칸디나비아 디자인이란 바로 이런 것!
스틸레벤 No.22 Stilleben No.22

코펜하겐에서도 모르는 사람이 없는 인테리어 디자인 셀렉숍이다. 그리 크지않은 가게지만 뛰어난 감각으로 조화롭기 그지없는 방대한 셀렉션을 선보인다. 주로 취급하는 제품은 패브릭과 세라믹 종류지만, 다양한 제품을 구비하고 있다. 편집숍이라는 게 믿기지 않을 정도로 일관된 톤을 유지하는 오너의 감각이 돋보이는 공간.
허락을 구한 뒤에는 사진 촬영도 가능하다. 뛰어난 덴마크의 인테리어 센스를 가득 담아오자.

센트럴

Access	코펜하겐 중앙역에서 도보20분
Add	Frederiksborggade 22, 1360København
Open	10:00~18:00(토 ~17:00, 일 ~16:00)
Web	www.stilleben.dk

현지인들의 잇템을 모아모아!
디자인 소품 매장, 노트르 데임 Notre Dame

현지인들이 주로 찾는 디자인 편집숍. 유럽과 스칸디나비아 디자인이 적절히 조화된 인테리어 소품점이다. 주방용품과 정원 용품, 문구류에 강점을 보이며, 품질 대비 적정한 가격대를 선보인다. 무엇보다 한국에 들어오지 않은 디자인 제품들이 가득하니, 남들과 다른 특별한 인테리어 소품을 찾는다면 놓치지 말 것. 코펜하겐의 최대 번화가 스트뢰에 거리에서 한 블록 거리에 있으므로, 디자인 소품 쇼핑을 계획한다면 쇠스트레네 그렌과 함께 꼭 들러볼 것을 추천한다.

센트럴

Access	코펜하겐 중앙역에서 도보15분
Add	Nørregade 7, 1165 København
Open	10:00~18:00(금 ~19:00, 토 ~17:00, 일 11:00~16:00)
Web	www.notredame.dk

당신의 휘겔리한 방을 위하여,
단스크 메이드 포 룸스
Dansk Made for Rooms

군더더기 없는 디테일의 데니쉬 가구 및 인테리어 소품점. 한두 가지 아이템만으로도 북유럽의 아우라를 풍길 수 있는 인테리어 아이템들을 두루 갖췄다. 매장 곳곳을 둘러보다 보면 이런 곳에 살고 싶다는 생각이 절로 들 정도로 전형적인 북유럽의 공간이다. 세련됐지만 편안한 색감의 제품이 많고, 어린아이를 위한 장난감이나 아이 방에 어울리는 소품들도 만나볼 수 있다.

베스터브로

Access	코펜하겐 중앙역에서 도보10분
Add	Istedgade 80, 1650 København
Open	11:00~18:00(토 ~16:00)/일 휴무
Web	www.danskshop.com

포스터 하나로 인테리어에 방점을 찍다,
페이퍼 콜렉티브 Paper Collective

시크한 북유럽 인테리어를 완성 짓는 포스터 전문 스토어. 다양한 예술가와 콜라한 드로잉, 사진, 일러스트, 노트 등을 취급한다. 인테리어 포인트로 제격인 감각적인 액자들로 가득하다. 가격대는 조금 비싼 편이지만, 작품의 퀄리티를 보면 충분히 수긍할 수 있는 금액. 벽에 걸어보면 왜 하나만 사왔을까 후회하게될 정도. 크기도 종류도 다양한 여러 가지 포스터 중 나만의 공간에 딱 맞는 작품을 찾아보자. 포스터 가격은 크기에 따라 350~700DKK.

센트럴

Access	코펜하겐 중앙역에서 도보15분
Add	Studiestræde 3, 1455 København
Open	수~금 14:00~18:00
Web	www.papercollective.com

사랑하는 아이에게 선물하고 싶은 장난감,
스코브알픈 Skovalfen

문을 열면 빼곡한 인형과 장난감들이 맞이하는 이곳은 조카의 선물을 사기 위해 덴마크에 사는 지인에게 추천받은 장난감 가게다. 아이를 위한 자그마한 물건 하나하나에도 북유럽 특유의 세련미와 고급스러움이 묻어나 아이를 위한 장난감인 동시에 훌륭한 인테리어 소품 역할도 한다. 덴마크에서만 살 수 있는 자체 생산 장난감부터 친환경 토이 제품까지 아이를 위한 최고의 선물들이 기다리고 있는 곳. 아이의 환한 미소를 상상하며 가벼운 발걸음으로 들러보자.

센트럴

Access	코펜하겐 중앙역에서 도보20분
Add	Rosengården 3, 1174København
Open	10:00~17:30(금 ~19:00, 토 ~17:00)/일 휴무
Web	www.skovalfen.dk

MORE. 덴마크의 백화점

코펜하겐에는 유서 깊은 백화점과 세련된 명품 백화점 등 다양한 쇼핑 스폿이 많다. 이번에는 그냥 지나치기 힘든 북유럽의 인테리어 디자인과 패션 스타일을 살펴보기 딱 좋은 쇼핑 스폿을 다양하게 소개하니 중간중간 여유있게 둘러보자.

코펜하겐 대표 백화점,
마가신 뒤 노르 Magasin Du Nord

오픈한 지 150년이 넘은 덴마크의 유서 깊은 백화점. 여권을 지참한 외국인 여행자에게는 10% 할인과 택스 리펀드를 제공하는 고마운 곳이기도 하다. 주방용품 및 가구 용품 코너가 브랜드별로 보기 좋게 진열돼 있으며, 덴마크 오디오 브랜드인 뱅앤올룹슨Bang& Olufsen, 중저가 주얼리 브랜드 판도라Pandora와 필그림Pilgrim 등이 입점해 있다. 유럽의 백화점 치고는 오픈 시간이 긴 편이니 편하게 들러 지하의 식품 코너를 이용하거나 꼭대기 층의 레스토랑에서 푸짐한 브런치를 즐겨보자.

센트럴

Access   코펜하겐 중앙역에서 도보20분
Add   Kongens Nytorv 13, 1095 København
Open   10:00~20:00(부활절·크리스마스 연휴 시에는 오픈 시간 변동)
Web   www.magasin.dk

코펜하겐 머스트-비지트 인테리어 백화점,
일룸스 볼리후스 Illums Bolighus

덴마크의 유명한 가구 백화점이다. 총 4층 건물 안에 북유럽의 인테리어 브랜드가 빼곡히 들어차있다. 북유럽 스타일에 흠뻑 빠져볼 수 있는 공간인 만큼 인테리어 마니아들은 방문 일정을 여유있게 잡을 것을 추천한다. 우리나라에서 판매하는 가격보다 훨씬 저렴한 가격은 물론, 여름과 겨울 세일 기간에는 50% 안팎의 대폭 할인도 진행하니 득템을 노려보자.

젊은 감각의 명품 백화점,
일룸 Illum

검소함이 미덕인 코펜하겐에서 유일하게 살아남은 명품 백화점. 코펜하겐 최대 번화가 스트뢰에 거리에 있어, 휴일에는 코펜하겐 사람들의 발길이 끊이지 않는다. 스웨덴 브랜드 아크네 스튜디오를 비롯해 프라다, 발렌시아가 등 화려한 명품 브랜드 라인업을 갖췄다. 백화점 맨 위층에는 고급스러운 식당과 바를 비롯해 오리지널 커피Original Coffee의 지점(매일 18시 마감)도 있으므로 커피와 데니쉬 빵을 즐겨보자.

센트럴

Access	코펜하겐 중앙역에서 도보15분
Add	Amagertorv 10, 1160 København
Open	10:00~19:00(일 11:00~18:00)
Web	www.illumsbolighus.dk

센트럴

Access	코펜하겐 중앙역에서 도보 20분
Add	Østergade 52, 1100 København
Open	10:00~20:00
Web	www.illum.dk

PLUS
이 곳은 평범한 수퍼마켓이 아니야,
이야마 Irma

어린 소녀가 그려진 마크를 가진 수준 높게 브랜딩된 하이 퀄리티 수퍼마켓으로, 코펜하겐 전역에서 이야마 수퍼마켓 간판을 많이 볼 수 있다. 단순히 수퍼마켓이라기에는 오가닉 제품도 많이 판매하고, 이야마의 귀여운 소녀 마크가 그려진 탄탄한 에코백과 이야마 패키징에 담긴 차, 초콜릿, 데니쉬 쿠키는 일본인 관광객을 비롯한 많은 관광객들이 사가는 기념품이다.

센트럴

Access	코펜하겐 중앙역 근처에만 3-4개의 이야마가 있다.
Open	월~토08:00~22:00(티볼리 공원 옆 지점)
Close	지점마다 영업시간 다름
Web	www.irma.dk

북유럽식 스트리트 스타일, 데니쉬 패션

깔끔한 스트릿 패션으로 유명한 덴마크. 실제 코펜하겐을 다니면 화려한 옷차림보다는 모던하고 단정하지만 어딘지 모르게 힙한 스웨덴과는 다른 북유럽 패션을 많이 볼 수 있다. 멋 부린 듯 아닌 듯 시크하기 그지없는 데니쉬 패션의 매력에 빠져보자. 소개된 모든 가게가 남녀 제품을 취급한다.

덴마크식 캐주얼의 진수, 우드 우드 Wood Wood

스트릿 스타일을 지향하면서도 데니쉬 특유의 깔끔한 디자인을 선보이는 캐주얼 브랜드다. 우드 우드 자체 브랜드로 다양한 라인을 출시해 남녀노소 구분 없이 모두에게 무난한 스타일을 선보인다. 나이키, 뉴발란스, 리복 등의 스니커즈도 함께 만나볼 수 있다.

센트럴
Access 코펜하겐 중앙역에서 도보20분
Add   Grønnegade 1, 1107 København
Open   10:00~18:00
        (토 ~17:00, 일 12:00~16:00)
Web   www.woodwood.com

스칸디나비아 심플의 미학, 아르켓 & 카페 Arket & Café

H&M 괴 코스 COS, 앤 아더 스토리즈&Other Stories 와 같은 뿌리를 둔 H&M 그룹 스파 브랜드 중 최상위 라인이다. 단정한 라인과 파스텔톤 색감으로 유명한 코스의 디자인과 컨셉이 함축되어 담겨 있는 듯한 고급스러운 분위기다. 의류는 물론 인테리어 용품과 뷰티 제품, 카페 등 다양한 라인을 보유한 만능 브랜드로도 뛰어난 완성도를 선보인다. 본래 스웨덴 브랜드 이지만 쇼핑공간이나 카페가 가장 완성도있고 편안해 코펜하겐 지점을 추천한다.

센트럴
Access 코펜하겐 중앙역에서 도보20분
Add   Købmagergade 33, 1150 København
Open   10:00~19:00(토-일 ~18:00)
Web   www.arket.com

패션과 예술의 경계 헨릭 빕스코브 Henrik Vibskov

실험석인 니사인으로 유명한 데니쉬 디자이너 헨릭 빕스코브의 부티크다. 본인의 컬렉션은 물론 꼼데가르송 Comme des Garcons 이나 이세이 미야케 Issey Miyake 등 세계적인 디자이너들의 제품도 함께 판매하는 편집숍 형태를 갖추고 있다. 내부에 조그맣게 자리한 세일 코너를 노려보자.

센트럴
Access 코펜하겐 중앙역에서 도보20분
Add   Gammel Mønt 14, 1117 København
Open   11:00~18:00(토~17:00)/일 휴무
Web   www.henrikvibskovboutique.com

여유를 마시다, 데니쉬 커피 Danish Coffee

영국에 오후의 홍차가 있다면, 덴마크에는 일상의 지루함을 깨우는 커피가 있다.
포근하고 안락한 분위기의 카페에서 여행의 피로를 날릴 휴식 시간을 가져보자.

#코펜하겐커피 하면 이 집!
커피 콜렉티브 The Coffee Collective

세계 바리스타 대회에서 우승한 오너와 잘 교육받는 직원들이 코펜하겐 최고의 커피를 선보인다. 커피 맛의 비결이라 하면 단연 퀄리티 좋은 원두 덕분! 원두를 들여오는 과정부터 투명하고 철저하게 관리해 늘 한결같은 맛을 낸다. 코펜하겐의 레스토랑은 물론 다른 도시에서도 믿고 쓰는 원두인 만큼, 기념품으로 원두를 구매해가는 이들도 많다. 코펜하겐의 대표 파인 다이닝 레스토랑 '노마'에서도 이곳 원두를 취급한다

뇌레브로
Access 코펜하겐 중앙역에서 버스68•5C번 탑승, 25분 소요
Add Jægersborggade57, 2200 København
Open 07:00~20:00(토-일 08:00~19:00)
Web www.coffeecollective.dk

고풍스러운 북카페,
팔루단 북카페 Paludan Bog & Café

고풍스러운 외부가 눈길을 사로잡는 센트럴의 유명한 북카페다. 밖에서 보는 것과는 달리 꽤 널찍한 내부는 도서관인지 카페인지 헷갈릴 정도. 책에 둘러싸인 공간은 귀족들의 저택 속 서재를 닮아 있다. 브런치부터 진토닉까지, 아침과 밤을 아우르는 메뉴가 준비되어 있으니 편안하게 즐겨보자.

센트럴
Access 코펜하겐 중앙역에서 도보15분
Add Fiolstræde 10, 1171 København
Open 09:00~22:00(금 ~23:00, 토 10:00~23:00, 일 10:00~22:00)
Web www.paludan-cafe.dk

코펜하겐의 젊은 커피,
데모크라틱 커피바 Democratic Coffee Bar

북유럽에는 뛰어난 커피 맛을 자랑하는 카페들이 아주 많다. 데모크라틱 커피바는 커피 콜렉티브와 함께 뛰어난 커피 맛으로 정평이 난 카페다. 직접 구워낸 크루아상과 페이스트리류 역시 맛이 일품이니 커피와 함께 즐겨보길 추천한다. 젊은이들의 주 활동 지역에 자리해 있어 활기찬 분위기를 느낄 수 있으나, 바로 옆의 센트럴 도서관을 찾은 사람들이 책을 보거나 커피 브레이크 장소로 애용되어서 자리 잡기가 힘들다는 게 유일한 단점이다.

코펜하겐 가성비 최고의 커피,
제기스 커피 Zaggi's Coffee

단돈 20DKK 내외의 저렴한 가격에 뛰어난 커피 맛을 선보이는 저렴한 카페. 코펜하겐 시내에서 이 가격에 맛볼 수 있는 가장 맛 좋은 커피일 것이라 감히 추측해본다. 학생들이 주로 찾아 좌석은 항시 만석이므로 테이크아웃을 추천한다. 카페 내부에 자리가 없다면 바깥의 호수를 바라보며 마시는 것도 좋은 방법이다. 곳곳에 새겨진 귀여운 캐릭터는 카페의 주인장과 피식 웃음이 날 만큼 많이 닮아 있다.

센트럴
Access 뇌레포트 역에서 도보 7분
Add Frederiksborggade 43, 1371 København
Open 08:00~18:00

센트럴
Access 코펜하겐 중앙역에서
　　　 도보15분
Add Krystalgade 15,
　　　 1172 København
Open 07:30~17:00
　　　 (토·일 09:00~16:00)

아는 사람만 아는 커피 아지트,
코펜하겐 언더그라운드 브루어스 커피바
CUB Coffee Bar Boldhusgade

센트럴에서 약간 떨어져 있는 운하 근처, 반지하 공간을 차지한 로스터리 카페. 들어서자마자 깊은 커피 향이 느껴지는 이 곳은 전문 커피 로스터리의 자부심이 느껴지는 커피 바. 진한 커피 향만큼이나 진한 커피 맛이 일품으로, 특히 플랫 화이트Flat White의 풍미가 좋다. 갤러리처럼 꾸며 놓은 카페 공간은 그림과 덴마크산 가구, 조명들이 조화를 이뤄 데니쉬한 매력을 한껏 끌어올린다.

센트럴

Access 코펜하겐 중앙역에서 도보15분
Add   Boldhusgade 6, 1062 København
Open   07:30~17:00
        (토 10:00~17:00, 일휴무)

길을 가다 무심코 들어선 아무개 빵집이라도 무시 못 할 내공을 갖춘 곳이 바로 코펜하겐이다.
겹겹이 층을 쌓아 올린 데니쉬 베이커리는 덴마크의 자랑! 겉은 바삭하고 속은 부드러운 버터 풍미
가득한 데니쉬 베이커리를 맛보자.

현지인처럼 빵 쇼핑,
베이겔(베이커리) 브뢰드 Bageriet Brød

전통 데니쉬 빵을 만드는 이 자그마한 빵집에는 늘 현지인이
기득하다. 센트럴에서 조금 벗어난 위치지만, 코펜하겐의 숨
겨진 보물 같은 베이커리. 꾸준히 훌륭한 퀄리티를 유지해 모
든 빵이 맛 좋기로 유명하다. 내부가 보이는 오픈키친이라 더
욱 믿음직스럽다. 특히 모닝 번Morning Bun은 자극적이지 않
아 이름처럼 아침 식사로 먹기 좋으며, 먹고 갈 테이블이 따
로 없으므로 테이크아웃 해야 한다.

베스터브로
Access 코펜하겐 중앙역에서 도보 16분
Add   Enghave Pl. 7, 1670 København
Open   07:00~21:00

덴마크의 파리바게뜨,
라후카게후세트 Lagkagehuset

덴마크에 와서 들르지 않으면 서운할 오래된 베이커리 체인이다. 매우 대중적인 빵집이므로 아무 때고 편안하게 찾아보자. 바
삭한 파이 같은 데니쉬 베이커리류가 특히 맛있다. 스트뢰에 거리 지점은 아침 일찍 문을 열고 저녁 8시에 문을 닫으나, 오후
늦은 시간에는 빵 종류가 많이 없어지니 참고하자.
이른 아침 갓 구운 빵에 요거트를 곁들이면 훌륭한 덴마크식 조식으로 하루를 시작할 수 있다.

센트럴
Access 코펜하겐 중앙역에서 도보20분
Add   Frederiksberggade 21, 1469 København K
Open   07:00~17:00 (토08:00~19:00, 일 08:00~18:00)
Web   www.lagkagehuset.dk

비주얼 폭발! 유러피안 브런치 European Brunch

데니쉬, 프렌치, 이탈리안, 지중해식까지. 북유럽에서 가장 작은 나라 덴마크의 코펜하겐에서 유럽의 모든 브런치를 총망라해보자. 유럽의 식탁을 찾아 나서는 브런치 메뉴 탐방, 이것이야말로 덴마크식 '휘게'일 것이다.

Tip! 북유럽의 음식은 전체적으로 간이 짠 편이다. 짠 음식을 싫어한다면, 주문할 때 좀 덜 짜게 (Less Salty) 해달라고 요청하자.

쟁반 가득 내 마음대로 브랙퍼스트,
매드 & 카페 Mad & Kaffe

나만의 브런치 메뉴를 만들 수 있는 올데이 브런치 레스토랑. 아침부터 오후 12 시까지 원하는 메뉴를 골라 쟁반을 채울 수 있는 '모닝 플레이트'로 인기몰이 중이다. 메뉴에 있는 빵, 샐러드, 유제품, 해산물 등 메뉴 3~7 가지를 골라 담을 수 있다. 주말에는 이 아침 메뉴를 맛보기 위해 이른 아침부터 웨이팅이 늘어서기도 한다. 오후 12 시 이후에 판매하는 런치 메뉴 역시 합리적인 가격에 만나볼 수 있다. 인기에 힘입어 최근 코펜하겐 내에 매장을 3 개로 확장했다고 한다.

베스터브로

Access 코펜하겐 중앙역에서 도보15분
Add   Sønder Blvd. 68, 1720 København
Open   08:30~20:00
Cost   브런치 50~130DKK, 런치 메뉴 100DKK~
Web   www.madogkaffe.dk

1980년대 프렌치 비스트로,
그래놀라 Granola

프렌치 스타일의 브런치와 디너를 판매하는 비스트로. 1980년대 스타일의 레트로 인테리어가 눈에 띄게 아름답다.
에그 베네딕트나 크로크무슈 같은 프랑스의 대표적인 브런치 메뉴는 한층 깊고 풍부한 맛으로 언제나 사랑받는 인기 메뉴.
커피나 칵테일 등 음료도 훌륭해 식사 시간이 아니어도 늘 동네 사람들로 붐비는 곳. 서버들이 친절한 것도 장점이다.

프레데릭스뷔르

Access   코펜하겐 중앙역에서 도보15분
Add   Værnedamsvej 5, 1819 Frederiksberg
Open   11:00~24:00(토 09:00~, 일 09:00~16:00)
Cost   런치 메뉴 120DKK~
Web   www.granola.dk

어느 때나 들르기 좋은 올데이 브런치 레스토랑,
파테파테 Pate Pate

브레이크 타임 없이 늦은 시간까지 문을 열어 특히 여행자들에게 반가운 레스토랑이다. 프랑스와 스페인식 퓨전 음식을 제공하는 곳으로, 브런치를 즐기거나 핑거푸드로 간단히 요기할 수 있다. 밤에는 와인 한 잔과 함께 하루를 마감하기 좋은 곳. 빈티지스러운 벽의 나무색이 조화로워 편안한 분위기를 풍긴다. 음료를 다 마셔가는 손님에게는 음료를 리필줄지 물어보는데, 무료가 아니라 비용을 지불해야 하니 참고하자. 이는 북유럽을 비롯한 다른 유럽의 식당에서도 마찬가지다.

센트럴

Access	코펜하겐 중앙역에서 도보 8분
Add	Slagterboderne 1, 1716 København
Open	11:30~00:30(금·토 ~01:00, 일휴무)
Cost	메뉴200DKK~
Web	www.patepate.dk

Tip.
이 레스토랑근처 '미트패킹디스트릭트

(MeatpackingDistrictCopenhagen/Kødbyen)'는
예전 도축장이 모여있던 곳으로 지금은 많은 맛집과
인기있는 레스토랑, 와인바가 밀집한 지역이다.
미식가라면 꼭 들러야 할 코펜하겐 필수코스!
특히 추천하는 레스토랑은 스피스후셋Spisehuset 이다.

빵 굽는 레스토랑, 미라벨 Mirabelle

아침, 점심, 저녁 각기 다른 메뉴를 제공하는 레스토랑. 아침에는 전형적인 유럽식 조식 스타일로 빵이나 치즈, 햄, 달걀 등을 선택해서 즐길 수 있다. 점심과 저녁에는 각기 다른 가격대의 파스타를 제공한다.
음식도 맛있지만, 무엇보다 직접 구워내는 빵 맛이 아주 훌륭하다. 또한 덴마크의 넘버 원 커피로 유명한 커피 콜렉티브에서 들여오는 원두로 내린 커피 맛도 매력적이고, 와인 셀렉팅도 훌륭한 편이니 음료도 함께 즐겨보자.

뇌레브로

Access	코펜하겐 중앙역에서 버스 5C•6A번탑승, 약 25분 소요
Add	Guldbergsgade 29, 2200 København
Open	07:00~22:00/월 휴무
Web	www.mirabelle-bakery.dk

행복한 한 끼, 파인 다이닝 레스토랑

북유럽 중에서도 파인다이닝이 가장 발달한 코펜하겐에서 예술의 경지에 오른 수준 높은 음식을 즐겨보자. 바다를 배경으로 한 도시답게 맛깔나는 해산물 요리와 오가닉 재료를 사용해 친환경적이고 건강한 음식을 맛볼 수 있다.

이 가격에 미슐랭 원스타?!
포르멜 비 Formel B

프레데릭스뵈르Frederiksberg에 위치한 미슐랭 원스타 레스토랑이다. 데니쉬 퀴진을 기반으로 프렌치 스타일을 가미한 요리를 맛볼 수 있다. 고급스러운 분위기에 수준 높은 서비스를 제공하는 곳이지만, 생각보다 합리적인 가격에 식사를 즐길 수 있다. 메뉴 하나의 가격이 170DKK 내외이며, 3~4코스 요리를 먹어도 550~700DKK(약 10~13만원) 정도. 코펜하겐의 물가와 미슐랭 레스토랑임을 고려하면 가성비 최고의 가게라 할 수 있다.

프레데릭스뵈르

Access 코펜하겐 중앙역에서
        버스 6A번 탑승 후 약15분 소요
Add   Vesterbrogade 182, 1800 Frederiksberg
Open   17:30~24:00/일 휴무
Cost   코스 메뉴 500~700DKK
Web   www.formelb.dk

스칸디나비안 오가닉의 정수,
라디오 레스토랑 Restaurant Radio

노마의 창업자가 새로 오픈한 캐주얼한 분위기의 다이닝 레스토랑. 지역 내에서 생산한 오가닉 식자재를 사용해 재료 본연의 맛을 내는 데 집중한다. 매일매일 철저히 오가닉 재료를 관리하는 덕에 오가닉을 사랑하는 덴마크인들의 사랑을 한껏 받고 있다. 여행 스케줄이 맞는다면 금·토요일에만 운영하는 런치 시간을 공략하자.
메뉴 하나를 115DKK 가량(약 2 만원)에 맛볼 수있으며, 3 코스 메뉴도 350DKK(약 6 만원)에 제공한다.

프레데릭스뵈르

Access 코펜하겐 중앙역에서 도보20분/지하철포럼Forum 역 앞
Add   Julius Thomsens Gade 12, 1632 København
Open   17:30~24:00(금·토 17:00~24:00)/일·월 휴무
Cost   코스 메뉴 350DKK~
Web   www.restaurantradio.dk

Easy Bite 간편히 때워도 맛은 포기 못해!

북유럽의 음식은 대체로 고급스럽고 맛있는 편이다. 단점이 있다면 너무 비싸다는 것?
레스토랑만 찾다 보면 쌓여가는 식비를 감당하기 힘들지도 모른다. 이럴 때 필요한 게
바로 만만한 요깃거리. 합리적인 가격에 실패 없는 맛을 보장한다.

편의점이야?
패스트푸드점이야?
세븐일레븐 7-Eleven

한국에서도 흔히 볼 수 있는 편의점 브랜드지만, 코펜하겐에서는 단순한 편의점 이상의 역할을 한다. 단 40DKK 정도에 맛볼 수 있는 따끈따끈한 핫도그부터 자그마한 치킨과 베이커리까지. 간단한 요깃거리를 두루 갖춰 패스트푸드점이나 다름없다. 24시간 영업하는 지점도 꽤 많아 밤 늦은 시간 출출한 배를 달래기 위해 찾는 이들도 많다. 세븐일레븐에 왔다면 덴마크의 국민 초코우유인 마틸데Matilde도 놓치지 말자.

코펜하겐 전역

Access	코펜하겐 중앙역 근처에 지점이 4~5개 있다.
Open	24시(지점마다다름)
Web	www.7-eleven.dk

출출할 때 한끼,
푸드 트럭 핫도그
Hot dog Copenhagen

북유럽의 소울푸드라 해도 과언이 아닌 핫도그. 물가 비싼 북유럽에서는 간식 혹은 간단한 식사로 언제 어디서나 편하게 먹을 수 있어 인기다. 핫도그를 파는 푸드트럭은 늘 사람들로 북적이는 코펜하겐 시청 앞 광장이나 중앙역, 스트뢰에 거리 중간의 분수대 Storkespringvandet 등에서 만나볼 수 있으니 트럭을 발견했다면 잠시 멈춰 든든하게 배를 채워보자.

센트럴

Access	코펜하겐 시청 앞 광장/중앙역 근처/ 스트뢰에 거리
Open	11:00~20:00(트럭마다 다름)
Cost	핫도그 35DKK 내외

저렴하지만 든든한
베트남 음식,
반미 Banh Mi

따뜻하고 물가 저렴한 것이 매력인지 많은 북유럽인은 휴양지로 동남아시아를 꿈꾼다. 동남아시아를 찾는 발걸음이 늘면서 북유럽의 대도시에는 자연스럽게 동남아 맛집이 하나둘 들어서기 시작했는데, 반미도 그런 가게 중 하나다. 동남아 출신의 이민자가 직접 차린 베트남 식당으로, 저렴한 가격에 베트남 현지 음식을 깔끔하게 선보인다. 따뜻한 국물의 쌀국수와 바삭한 바게트가 일품인 반미 샌드위치, 상큼한 분짜(비빔쌀국수)까지 모두100DKK내외의 가격이니 양식에 슬쩍 싫증이 날 때쯤 들러보자.

뇌레브로

Access	뇌레포트역에서 도보15분
Add	Elmegade 20, 2200 København
Open	11:00~20:00 (토 ~16:00, 일 12:00~16:00)
Cost	반미 약 70DKK
Web	www.banhmi.dk

꿈 같은 밤을 채울 맥주 한 잔

유럽 내에서도 스타일리시 하기로 유명한 코펜하겐의 힙스터들. 이들이 찾는 숨은 바와 떠오르는 펍을 찾아보자. 덴마크 대표 맥주 칼스버그를 한 손에 쥐면 칠링 Chilling(여유롭고 느긋한 휴식)이 완성된다.

맥주 매니아들의 천국,
미켈러 & 프렌즈 바 Mikkeller & Friends Bar

뇌레브로

Access	코펜하겐 중앙역에서 버스12•5C번 탑승 후 20분 소요
Add	Stefansgade 35, 2200 København
Open	14:00~24:00(금 ~02:00, 토 12:00~02:00, 일 ~23:00)
Cost	맥주 40~80DKK
Web	www.mikkeller.dk

이 전 세계에 퍼져있는 힙한 브루어리바는 흥미로운 비하인드 스토리가 있다.이 가게를 차린 오너 두 명이 맥주 브루잉을 배운 스승은 다름 아닌 그들이 다니던 학교 수학 선생님이라는 사실이다. 방과 후 수업으로 맥주 만드는 법을 배워 특별한 맥주 조제법을 개발하고, 산뜻한 디자인을 더해 초창기의 부티크를 만들었다. 상호의 미켈러는 스승님의 이름에서 따온 것! 가장 유명한 지점은 예어스보겔 거리에 위치한 곳으로 40여 가지의 크래프트 & 드래프트 비어를 맛볼 수 있는 실험적인 생생한 맥주 맛이 살아있는 술집이다. 디자인과 인테리어가 감각적인 곳이라 젊은이들이 분위기를 즐기러 많이 찾는다. 토르브할렌 마켓홀과 미트패킹 지구에도 지점이 있으며, 서울에도 미켈러 바 지점을 오픈했으니 오리지널 숍의 분위기를 느껴본 뒤 비교해보는 것도 색다른 재미가 될 것이다.

주중에 더 핫한 신비한 술집,
카인드 오브 블루 Kind of Blue

젊은이들이 많이 보이는 라운스보겔 거리에 위치한 와인 & 맥주 바. 내부는 세련된 스칸디나비안 인테리어가 돋보이는 곳으로, 날씨 좋은 날에는 가게 밖 테이블 자리도 인기다. 간단하게 술 한잔 곁들이며 이야기를 나누고 긴장을 풀 수 있는 편안한 분위기가 장점. 주말에 활기를 띠는 보통 술집과 달리 주중에 더 많은 손님이 찾는다. 영어가 가능하다면 코펜하겐 사람들과 대화하기에도 좋은 곳이다.

뇌레브로

Access	코펜하겐 중앙역에서 버스5C•6A번 탑승 후 15분 소요
Add	Ravnsborggade 17, 2200 København
Open	16:00~24:00(금·토 ~02:00)/일 휴무
Cost	칵테일 70DKK내외
Web	www.kindofblue.dk

북유럽의 도시에서 숙박할 때는 숙소 선택에도 심혈을 기울이자. 오리지널 북유럽 인테리어를 피부로 느낄 수 있는 가장 좋은 방법은 그곳에 직접 머물러 보는 것이다. 데니쉬의 인테리어 거장들이 남긴 그 디자인의 깊이를 느껴볼 기회다.

Tip. 숙박료만큼은 평균 물가를 벗어났다.

물가가 높기로 악명 높은 북유럽이지만, 다행히도 호텔 숙박료는 생각보다 비싸지 않다. 북유럽 도시 중에서도 숙박비가 가장 비싼 코펜하겐의 3~4성급 호텔의 1박 평균 가격이 10만원대 중후반 정도. 위치와 시설에 따라 다르지만, 에어비앤비 역시 비슷한 가격대에 머물 수 있다.

완벽한 디자인의 부티크 호텔,
호텔 SP34 Hotel SP34

중앙역에서 도보 10 분 거리에 위치한 디자인 호텔. 중심가치고는 약간 조용한 구역에 있으며, 호텔 바로 앞에 큰 슈퍼마켓이 있어 편리하다. 한 블록 거리에는 펍과 핫한 카페, 의류숍 등 다양한 가게가 있어 젊은 층이 특히 선호한다. 룸마다 다른 디자인으로 꾸며 놓았고, 특별한 시그니처의 침대 헤드 디자인으로 유명하다. 시즌마다 오후 5~6 시에는 로비에서 와인 한 잔씩을 제공하는 '와인 타임'도 진행하고, 밤에는 영화를 상영하기도 하는 등 특별한 이벤트가 벌어지는 개성 있는 호텔이다.

센트럴

Access	코펜하겐 중앙역에서 도보10분
Add	Sankt Peders Stræde 34, 1453 København
Cost	더블룸1100DKK~
Web	www.brochner-hotels.dk

빈티지 가구 마니아들의 머스트-비지트 호텔,
알렉산드라 호텔 Hotel Alexandra

모든 룸을 오리지널 데니쉬 빈티지 가구들로 꾸민 것으로 유명한 디자인 호텔이다. 편안하면서도 멋스러운 빈티지 가구를 즐길 수 있어 많은 이들이 찾는다. 일부 프리미엄 룸은 한스 웨그너, 핀 율 등 유명 디자이너의 빈티지 가구로만 꾸며 놓았는데, 방이 비어있는 경우 둘러보거나 사진 촬영도 할 수 있다. 로비에서는 아르네 야콥센의 탁상시계나 카이 보예센의 나무소재 장난감 등 데니쉬 시그니처 아이템을 판매한다. 저렴한 가격에 택스프리도 제공하므로 기념품을 찾는다면 추천한다.

센트럴

Access	코펜하겐 중앙역에서 도보8분
Add	H. C. Andersens Blvd. 8, 1553 København
Cost	더블룸1200DKK~
Web	www.hotelalexandra.dk

가성비 최고의 위치,
어반하우스 호스텔
Urban House Copenhagen by Meininger

코펜하겐 중앙역 바로 뒤편에 위치한 곳으로, 독일의 마이닝거 계열의 호스텔이다. 저렴한 가격에 매우 편리한 위치가 가장 큰 장점. 앞서 소개한 호텔들에 비해 디자인적으로는 비할 바가 안 되지만, 그 외 위치와 편리함, 규모 등의 면에서는 절대 뒤지지 않을 곳이다. 리노베이션을 마친 지 얼마 되지 않아 시설도 매우 깨끗한 편이다. 호스텔 건물 1층에는 현지인에게도 사랑 받는 쌈SSAM이라는 한식당 겸 바가 자리해 있다.

호스텔과 호텔 사이,
캐빈 시티 호텔 Cabinn City

호스텔보다도 저렴한 가격에 머물 수 있는 저가형 호텔이다. 싱글룸도 있으나, 세 명까지 한 방에 묵을 수 있어 여럿이 이용할 때 특히 저렴하다. 공간은 협소하지만, 화장실 겸 샤워실도 딸려 있어 이만하면 코펜하겐의 물가를 고려했을 때 가성비 최고의 호텔. 코펜하겐 센트럴 근처에 다섯 개 지점(Cabinn City/Cabinn Express/Cabinn등)이 있고, 모든 지점의 위치가 훌륭하다.

센트럴

Access	코펜하겐 중앙역에서 도보2분
Add	Colbjørnsensgade 5-11, 1652 København
Cost	더블룸550DKK~, 도미토리(욕실·화장실 공용)300DKK~
Web	www.meininger-hotels.com

센트럴

Access	코펜하겐 중앙역에서 도보 5분
Add	Mitchellsgade 14, 1568 København
Cost	더블룸·트리플룸700DKK~
Web	www.cabinn.com

왕립 오페라 하우스
OperaenCopenhagen

객석 천장을 무려 24k 금으로 장식한 오페라 하우스. 로비에는 덴마크 출신의 설치 미술가 올라퍼엘리아슨Olafur Eliasson이 제작한 유리 조명이 눈길을 끈다. 왕립 도서관과 마찬가지로 해 질 녘이나 저녁 바다와 함께 바라보는 야경이 특히 아름답다.

센트럴

Access	코펜하겐 중앙역에서 도보25분
Add	Ekvipagemestervej 10, 1438 København K
Open	공연일정에따라 달라짐
Cost	공연 1000DKK~ (공연별로 상이, 홈페이지 참고)
Web	www.kglteater.dk

바니싱 포인트 Vanishing Point

가장 젊은 코펜히겐의 디자인을 만나보 고 싶다면 꼭 들러야 할 곳이다. 코펜히겐의 젊은 작가나 유럽 디자이너들의 그림책, 주얼리, 니트 등 핸드메이드 제품을 모아 판매한다. 유럽의 일러스트 스타일을 엿볼 수 있는 동화책들도 소장가치가 높아 선물이나 인테리어 소품으로 추천한다. 핫한 거리로 떠오르는예에스보겔거리에 위치해 있다. 그림책100DKK, 패브릭 제품 700DKK 내외.

뇌레브로

Access	코펜하겐 중앙역에서 버스66•5C번 탑승, 약 25분 소요
Add	Jægersborggade, 45, 2200 København
Open	11:00~17:00(토 ~16:00)/일 휴무
Web	www.vanishing-point.dk

리빙룸 카페 The Living Room

마치 거실을 그대로 옮겨놓은 듯 편안한 분위기가 매력적인 복층 구조의 카페. 안락한 공간에서 노트북으로 용무를 보거나 대화를 나누는 등 자연스럽게 시간을 보내는 이들이 많다. 커피 맛도 훌륭하고 오가닉 음식들도 풍부하게 준비돼 있다. 저녁에는 신나는 음악 선곡 덕에 힙스터들이 몰려온다고 하니 편안한 분위기에 맥주 한 잔 곁들이는 것도 좋겠다.

센트럴

Access	코펜하겐 중앙역에서 도보 10분
Add	Larsbjørnsstræde 17, 1454 København
Open	09:00~23:00(금 ~01:00, 토 10:00~01:00, 일 10:00~19:00)

헤이 하우스 Hay House

덴마크발 디자인 브랜드 헤이. 헤이 하우스는트렌디한 헤이의 제품들로 꾸민 홈스타일 플래그십 스토어로,문구류부터 가구까지 다양한 제품을 아우른다.국내에도입점한 브랜드지만, 덴마크 현지에서는 조금 더 저렴하다. 보는 것만으로도 인테리어 내공이 쌓이는 감각적인 쇼룸을 보며 인테리어 팁을 얻어가자.건물 1층에 위치한 카페노르덴Café Norden은 소문난 브런치 레스토랑이니 쇼핑으로 출출해진 배를 채우는 것도 좋겠다.

센트럴

Access	코펜하겐 중앙역에서 도보 18분
Add	Østergade 61, 2, 1100 København
Open	10:00~19:00(토·일 ~18:00)
Web	www.hay.dk

오리지널 커피 Original Coffee

이름부터 자신감 넘치는 이곳은 커피 맛이라는 카페의 본분에 충실한 카페다. 뉘하운 근처, 스트뢰에 거리의 일름백화점 등 여러 곳에 지점이 있으며, 모두 각각의 특색이 있어 어느 곳을 찾아도 만족할 만하다. 여행자에게는 뉘하운 근처가 가장 들르기 편한 위치인데, 평일에는 아침 일찍 오픈하므로 간단한 아침으로 오픈샌드위치나 데니쉬 빵을 즐기는 것을 추천한다.

센트럴

Access	뉘하운에서 도보7분
Add	Bredgade 36, 1260 København
Open	07:30~17:00(토·일 09:00~16:00)
Web	www.originalcoffee.dk

카페 가우렌 Café Gavlen

빈티지숍으로 유명한 라운스보겔 거리에 있는 식당. 이 동네에서 가장 잘나가는 카페 겸 레스토랑으로 1920년대에 문을 연 오랜 역사를 자랑한다. 동네 카페 같은 분위기라 부담 없이 들를 수 있으며, 항상 현지인 손님이 많이 찾아오는 곳이다. 식사류로는덴마크식 오픈샌드위치나 그래놀라, 햄버거 등이 인기다.

뇌레브로

Access	뇌레포트 역에서 도보15분
Add	Ryesgade 1, 2200 København
Open	08:00~24:00(금 08:00~02:00, 토10:00~02:00(토요일10:00~24:00)
Cost	오픈샌드위치60DKK~,햄버거 150DKK

회스트 Höst

노르딕퀴진을 표방하는 스타일리쉬한 레스토랑이다. 코포코Cofoco 라는 코펜하겐의 유명 레스토랑에서 문을 연 식당으로, 다이닝 레스토랑치고 저렴한 가격에 코스 메뉴를 즐길 수 있는 매력적인 레스토랑이다. 가격은 3코스에 350DKK 정도. 맛은 취향을 타겠지만, 개인적으로는 적당한 가격으로 노마에 버금가는 맛과 내공을 즐길 수 있어 추천한다. 예약은 필수.

센트럴

Access	코펜하겐 중앙역에서 도보20분/ 뇌레포트역에서 도보5분
Add	Nørre Farimagsgade 41, 1364 København
Open	17:30~24:00(L.O. 21:00)
Cost	코스 메뉴 350DKK~
Web	www.cofoco.dk

스테이아파트먼트호텔 STAY Seaport

디자인 회사 헤이HAY가 만든 아파트먼트형 호텔이다. 미니멀한 디자인의 스칸디나비안 인테리어가 일품이며, 주방이 있어 요리가 가능한 것이 가장 큰 장점이다. 시내와는 약간 떨어져 있고 코펜하겐의 평균적인 숙소 가격보다는 비싼 편이지만, 전형적인 북유럽 인테리어에 살아볼 기회인데다가, 대부분의 룸들이 바다뷰가 가능해 머무를 만한 가치가 충분하다.

외스터브로

Access	코펜하겐 중앙역에서 지하철 m4, 약 20분 소요
Add	murmansksgade 15, 2150Nordhavn
Cost	더블룸1300DKK~
Web	www.stayapartment.dk

요 버거 Yo Burger

감각적인 타이포그래피와 인테리어로 젊은이들의 시선을 잡아끄는 인기 햄버거 가게. 주문하면 수제 패티를 직접 구워서 만들어주는 프리미엄 햄버거 레스토랑이다. 프랜차이즈 햄버거 가격에 질 좋은 데니쉬번과 촉촉한 육즙이 흐르는 패티를 맛볼 수 있는가게다.

센트럴

Access	코펜하겐 중앙역에서 도보15분
Add	Østerbrogade 64, 2100 København
Open	11:30~22:00
Cost	햄버거 세트 100DKK 내외
Web	www.yoburger.dk

바킹독펍 The Barking Dog

여행자들에게는 거의 알려지지 않았지만, 로컬들에게는 아주 인기인 캐주얼 펍이다. 맥주 맛도 좋고, 특히 실험적이고 창의적인 칵테일 메뉴가 인기다. 반지하에 위치해 아늑한 분위기도 장점! 서버들도 친절한 편이니 부담 갖지 말고 찾아가보자. 이야기를 나누며 하루를 마감하기에 딱 좋은 곳이다.

센트럴

Access	코펜하겐 중앙역에서 버스 9A 탑승 후
Access	코펜하겐 중앙역에서 버스 5C·6A번 탑승 후 17분 소요
Add	Sankt Hans Gade 19, 2200 København
Open	18:00~01:00(금토 ~02:00)/ 일·월휴무
Cost	맥주 35~75DKK
Web	www.thebarkingdog.dk

노마 Noma

노마를 빼놓고는 덴마크의 파인다이닝을 논할 수 없다. 코펜하겐에서 잘나간다는 많은 식당의 쉐프들이 노마의 주방을 거쳐갔으니 말이다. 미슐랭투스타 레스토랑인 이곳은 자연 재료로 만든 노르딕 음식을 바탕으로 창의적인 해산물 요리를 선보인다. 꼭 가고 싶다면 예약은 최소 몇 개월 전, 어쩌면 비행기 티켓을 구하기 전부터 시도하는 것이 좋다.

센트럴

Access	코펜하겐 중앙역에서 버스 9A 탑승 후 20분 소요
Add	Refshalevej 96, 1432 København K
Open	화~목 17:00~23:30(금~토 12:00~16:30, 18:00~23:30)/일·월휴무
Cost	추천코스3000DKK
Web	www.noma.dk

프롭스 커피숍 Props Coffee Shop

펍 같은 흥겨움과 카페 같은 아늑함을 동시에 갖춘 카페 겸 바다. 낮에는 잠을 깨우는 커피를, 저녁에는 시원한 크래프트 비어를 즐겨보자. 메인 도로에서 벗어난 곳에 위치해 로컬스러운 매력을 한 층 깊이 만끽할 수 있으며, 외부 좌석도 넉넉하게 갖추었다. 비싸지 않고 딱 적당한 음료의 가격 역시 큰 장점이다.

센트럴

Access	코펜하겐 중앙역에서 버스5C번 탑승 후 15분 소요
Add	Blågårdsgade 5, 2200 København
Open	월~수10:00~24:00 (목10:00~01:00, 금 10:00~02:00, 토 11:00~02:00, 일 12:00~23:00)

로얄 코펜하겐 아웃렛
Royal copenhagen Outlet

비교적 저렴한 로얄 코펜하겐 아웃렛을 찾아보자. 코펜하겐의 프레데릭스뷔르 지역에 있는아웃렛 매장에서는 값비싼 로얄 코펜하겐 제품들을 30~70% 할인된 가격에 판매한다. 약간의 흠이 있는 B급 제품부터 온전한 새상품까지 다양하게 갖추고 있으니 잘 살펴보고 구매하자.

프레데릭스뷔르

Add	Søndre Fasanvej 9, 2000 Frederiksberg
Open	10:00~18:00(토 ~15:00)/일 휴무

스톰 Storm

럭셔리 브랜드를 모아놓은 콘셉트 스토어다. 셀린느Celine, 아크네Acne 등 명품 브랜드부터 뉴발란스New Balance 같은 스트릿 브랜드까지 폭넓은 브랜드를 다룬다. 품목 또한 화장품과 향수, 아트북과 패션북까지 다양해 구경하는 재미가 있는 곳. 매장 주변에 덴마크 대표 브랜드인 노스 프로젝트Norse Projects나 아크네 스튜디오의 매장을 비롯해 디자이너 숍들이 포진해 있으니 함께 둘러보자.

센트럴

Access	코펜하겐 중앙역에서 도보20분
Add	Store Regnegade 1, 1110 København
Open	12:00~17:00(토 11:00~15:00)/일 휴무
Web	www.stormfashion.dk

레고랜드 Legoland Billund

어릴 적 레고 블록을 조물거리던 손맛을 기억하시는가. 아이를 동반한 가족 여행자에게는 필수 코스이고, 레고 마니아들에게는 코펜하겐을 찾는 목적이 되기도 한다.레고 모양으로 만든 20여개가지 놀이기구,보트나 기차 투어 등 액티비티들도 다양하게 갖췄다. 1억개 이상의 레고로 만든 마을 '미니랜드'는성인의 허리춤까지 오는 거대한 레고 빌딩들은 실물을 그대로 재현해냈고, 그 완벽한 디테일은 두 눈을 의심케 한다.패밀리 뷔페의 레고 모양 감자튀김도 놓치지 말자.보통 아이와 함께 가족 단위로 찾는 경우 2일권 입장권을 끊어 레고랜드 내에 위치한 호텔 빌룬드 리조트에서 하룻밤을 묵기도 한다. 숙박요금은 방마다 다양하며 1박에 1500~3000DKK 정도.레고호텔 이외에도 작은 오두막 별장 캐빈, 캠핑 텐트, 빌룬드 지역의 일반 호텔 등을 이용할 수 있다.얼마전 개장한 국내 춘천의 레고랜드와 비교하는 재미도 있다.

빌룬드

Access	코펜하겐 중앙역에서 올보르Alborg행 기차 탑승(주말·성수기에는 예약 필수), 베일레Vejle 하차(3시간30분 소요). 역 앞에서 빌룬드공항행14 3번 버스 탑승 후 약 15분 소요
Add	Nordmarksvej9, 7190 Billund
Open	여름10:00~20:00 (시즌별로 달라짐)/11~2월 및 부정기휴무(홈페이지 참고)
Cost	1일권429DKK, 2일권 578DKK
Web	www.legoland.dk/en

Tip!홈페이지에서 티켓 예약 시 매표소에 줄을 서지 않아도 되며, 5+10%가량 할인받을 수 있다. (임박한 날짜 예약 시 할인 불가)

도시 INTRO [Copenhagen]

국가	덴마크왕국 Kingdom of Denmark	공휴일	1월 1일	새해New Year's Day
수도	코펜하겐Copenhagen / København		4월 중.	성 목요일, 성 금요일, 부활절,
인구	약 560만명			부활절 다음 월요일
종교	루터교89%,기타11%			Maundy Thursday, Good Friday,
언어	덴마크어			Easter, Easter Monday
화폐	덴마크 크로네 Krone		5월 중.	기도일 Great Prayer Day
	(DKK 1DKK=약180원, 2022년 07월 기준)		예수승천일	Ascension Day
국가번호	(국제전화) +45		6월 5일	제헌절 Constitution Day
비자	무비자 90일 체류가능(쉥겐조약 가맹국)		6월중.	성령강림절Whit Sunday
시차	-8시간(서머타임 적용 시-7시간)			성령강림절 월요일 Whit Monday
전원	220V, 50hz		12월 25일	크리스마스Christmas
	(한국과 전압은 동일,여행시 변압기없이 사용가능함)		12월 26일	박싱데이2nd Day of Christmas
날씨	우리나라와 비슷한 사계절을 가졌으나,		12월 31일	새해 전날New Year's Eve

여름에는 좀 더 시원하고 겨울이 좀 더 온화하다.
겨울에 비나 눈이 자주 오며, 연중 일교차가 큰 편이다.

**새해와 크리스마스 관련,제헌절외에는 매년 날짜가 변동된다.

여행하기 좋은 시기	4~10월(날이 따뜻하고 낮이 길다)	덴마크 관광청	www.visitdenmark.com
물가	전체적인 물가는 약 한국의 2배 이상으로 특히 교통비와 외식	코펜하겐 관광청	www.visitcopenhagen.com
	비가 매우 비싼 편이다. 하지만 숙박비나 마트 물가는 생각보	한국대사관	Svanemollevej 104, 2900 Hellerup
	다 저렴하다. 한국에서 미리 환전해 신용카드와 현금을 함께		(전화: 3946 0400 / 2521 746)
	사용할 것. 하루 예산은 숙박비를 제외하고 1인 최소	긴급 연락처	112
	10~15만원 정도를 예상하면 된다.		
수퍼마켓	이야마Irma, 네토Netto, 레마1000Rema1000		

코펜하겐 교통
유럽에서 코펜하겐으로 이동하기

기차

코펜하겐까지는 오슬로, 스톡홀름, 독일의 함부르크 등에서 기차로 연
결된다. 비성수기 기준 편도 요금이 약 30-60 유로
(야간기차 제외)이므로 가격 부담이 적으며, 대략 5~6 시간 정도 소요
된다. 숙박비를 아끼고 싶다면 일반좌석뿐 아니라
2 인용 침대칸을 갖춘 야간기차를 고려해보자.
WEB   덴마크철도 https://www.dsb.dk/en/
     독일철도 https://www.bahn.com/en/view/index.shtml

버스

가장 저렴하지만, 가장 오래 걸리는 방법이기도 하다.
기차와 언뜻 가격 차이가 나지 않아 보이지만 급하게 타야하거나
성수기에는 기차보다 훨씬 저렴하다. 스톡홀름, 함부르크, 베를린 등
유럽 곳곳에서 스웨버스 Swebus, 넷부스 Nettbuss,
플릭스버스 Flixbus 등이 코펜하겐행 주간·야간 버스를 운행한다. 스톡
홀름에서 코펜하겐까지 약 11 시간 소요, 가격은 약
30-50 유로
WEB   플릭스·스웨버스 flixbus.com
     넷부스 https://www.nettbuss.se

페리

오슬로에서는 코펜하겐까지 페리 DFDS 를 운항해 차량을 가지고 이
동할 때 특히 유용하며, 차량이 없더라도 야간에
이동한다면 시간을 아낄 수 있다는 이점이 있다. 페리로 약 17 시간
정도 소요되며, 가격은 1 인 약 140 유로 정도다. 캐빈별 침대의 개수
와 아침식사 추가 등 옵션에 따라 가격이 추가된다.
WEB   DFDS 페리 www.dfdsseaways.com

저가 항공

노르웨이, 스웨덴, 독일 등 인접한 국가가 아닌 곳에서는 저가 항공을
이용하는 것을 추천한다. 노르웨지안
항공 Norwegian Air, 이지젯 Easyjet, 라이언에어 Ryanair 등의 항공사
를 이용할 수 있으며, 편도 항공권 가격대는 비성수기
기준 50-80 유로 정도 이다. 저가 항공은 시기나 노선에 따라 가격대
의 변동 폭이 매우 크므로, 가격대가 비슷하다면
스칸디나비아 항공이나 루프트한자(독일항공) 같은 대형(메이저) 항공
사를 이용하는 것도 고려해보자.
WEB   노르웨지안 항공 www.norwegian.com
     이지젯 www.easyjet.com/en
     라이언에어 www.ryanair.com

코펜하겐 시내 들어가기

코펜하겐 카스트룹Kastrup 국제공항에서 코펜하겐 중앙역까지는 철도로 약 20분이면 닿는다. 티켓은 공항 게이트를 나와 빨간색 DSB 티켓 자동판매기에서 구매한다. 1회권 티켓(1~3존, 36DKK) 혹은 시내에서도 이용할 수 있는 24·48·72시간 시티 패스(1~4존, 80DKK~)를 구매하면 된다. 숙소가 지하철역과 가깝다면 지하철(M2라인)을 이용하는 것도 가능하다.

기차를 이용하는 경우 코펜하겐 중앙역으로 바로 도착한다. 페리를 이용한다면 시내 북쪽의 DFDS 코펜하겐 터미널DFDS Terminalen Copenhagen에 내려 27번 버스나 국철(A,B,C)을 탑승하면 중앙역까지 올 수 있다. 티켓은 전용 어플리케이션이나 버스 기사에게 (혹은 지하철역 티켓 머신에서 3존) 구매하면 된다.

WEB   코펜하겐 공항 www.cph.dk
           덴마크 기차 www.DSB.dk

코펜하겐 시내교통

코펜하겐은 1~9존으로 나뉘며, 그중 (기본적인)관광지는 1~3존에 모여 있다. 시내 중심인 센트럴은 도보로 이동할 수 있지만, 온종일 걷는 것은 체력적으로 힘드니, 버스와 지하철Metro, 국철S-tog 등 대중교통을 적절히 활용하자. 구획별로 여행 동선을 짜고, 교통권의 시간 내 환승을 적절히 이용하면 교통비를 크게 아낄 수 있다. 또한, 코펜하겐 카드로 유효기간 내 대중교통을 무제한 이용할 수 있으니 참고하자.

1시간 동안 버스·지하철·국철을 무제한 환승할 수 있는 1회권의 1~2존 요금은 24DKK다. 1회권은 티켓 자동판매기나 버스 기사, 스마트폰 애플리케이션 (모빌비리터Mobilbilletter)을 통해 구매한다. 24·48·72시간 이용할 수 있는 시티 패스도 있다. 가장 많이 사용하는 24시간권 24Timer은 공항을 커버하는 1~4존 가격이 80DKK, 루이지애나 미술관이 있는 홀레벡역까지 커버하는 광역 티켓이 130DKK다. 시티 패스는 공항이나 코펜하겐 중앙역에 위치한 티켓 자동판매기 혹은 창구에서 구매한다.

2주 이상 장기로 머물 예정이라면 여행자용선불식 충전 교통카드인 라이스코트Rejsekort(80DKK, 중앙역 세븐일레븐에서 구매 가능)를 추천한다. 출퇴근 시간을 제외하고는 20% 정도의 요금 할인을 받을 수 있고, 비용이 자동으로 계산되므로 매번 존을 따지지 않아도 돼 간편하다.

Tip.코펜하겐 카드Copenhagen Card

코펜하겐 카드는 코펜하겐의 대표 관광지에 입장할 수 있는 카드로, 24·48·72등 시간권 다섯 종류가 있다. 유효기간 내에 대중교통을 무제한 탑승할 수 있으며, 주요 미술관, 박물관, 관광지에 무료로 입장할 수 있다. 코펜하겐 공항 혹은 시내 인포메이션 센터에서 구할 수 있으며, 24시간권 60EUR, 48시간권 88EUR, 72시간권 108EUR다. 가격이 비싼 편이므로 방문 예정인 관광지의 입장료를 모두 계산해 비교해본 후 구매하는 것이 좋다.

WEB   www.copenhagencard.com

코펜하겐 카드 무료 입장 : 티볼리 공원, 루이지애나 미술관, 라운드 타워, 크리스티안보르 궁전, 뉘 칼스버그 미술관, 디자인 뮤지엄 덴마크 등

노르웨이
오슬로

오슬로

" 북유럽 대자연의 관문이자
카페투어 성지 "

수도임에도 불구하고 유럽의 다른 대도시와 달리 무척 한가한 분위기. 조용한 그 속을 깊게 들여다보면 잊지 못할 진한 커피 향과 맛은 북유럽뿐만 아니라 세계에서도 손꼽힐 만하고, 인문학과 오페라, 미술적인 방면에서도 두각을 드러내는 문화 도시. 오슬로는 피오르로 유명한 베르겐과 플롬, 오로라를 관측할 수 있는 트롬쇠와 로포텐 제도 등 대자연으로 가는 관문이기도 하다. 노르웨이 대자연 탐험의 베이스캠프인 셈. 하지만 자연, 문화, 음식, 힐링 무엇 하나 빠지지 않는 매력을 숨기고 있으니 찬찬히 살펴보자.

#1 소소하지만 확실한 행복 in 오슬로

노르웨이는 검소한 나라다. 수도인 오슬로에서조차 유럽에서 흔히 볼 수 있는 유서 깊은 백화점이나 명품 쇼핑몰을 찾아보기 힘든 이유다. 석유 수출로 부를 쌓으며 등장한 소위 젊은 세대들은 점차 사치품과 소비에 눈을 떴지만, 노르웨이에는 여전히 명품 숍보다는 편집 매장 형태의 패션 숍과 인테리어 숍이 발달해 있다. 북유럽의 살인 물가 속에서 허리띠를 졸라매고 싶다면 오슬로 현지인의 발자취에 답이 있다. 며칠을 지내더라도 로컬답게, 오슬로 사람들의 흔적을 좇아보자.

올디 벗 구디 세컨핸드 숍,
프레텍스 Fretex

검소한 성향 탓인지 노르웨이 사람들은 오래된 물건에 큰 애정을 쏟는다. 이런 노르웨이 사람들의 검소함을 엿볼 수 있는 곳이 바로 프레텍스다. 프레텍스는 비영리 단체에서 운영하는 세컨핸드숍으로, 저렴한 가격을 최고의 장점으로 내세워 센트럴에만 5개 이상의 지점을 보유하고 있다. 매장마다 취급 품목이 다르나, 대체로 의류, 액세서리, 조명, 그릇, 인테리어 용품 등을 다양하게 보유하고 있다. 운이 좋다면 아라비아 핀란드의 컵을 5천원 이하에 저렴하게 득템할 수도 있으니 편안한 마음으로 들러보자.

센트럴

Access	중앙역에서 도보 25분
Add	Universitetsgata 20, 0162 Oslo
Open	10:00~18:00(토 11:00~17:00)/일 휴무
Web	www.fretex.no

노르웨이식 벼룩시장, 비르케루덴 플리마켓 Birkelunden Flea Market

그뤼네뢰카의 중심에 있는 비르케루덴 공원. 평상시에는 녹음을 즐기는 시민들의 쉼터로 애용되지만, 일요일 오후에는 벼룩시장이 열리는 장터로 변신해 빈티지 마니아들을 불러 모은다. 물건을 구매하지 않더라도 오슬로 현지인들의 생활 모습과 다양한 손때 묻은 제품 구경만으로도 재미있고, 간혹 물건에 얽힌 이야기를 듣다 보면 빈티지 쇼핑의 매력에 푹 빠지게 된다. 단, 현금으로만 구매할 수 있다.

예쁜 북유럽 오가닉 마켓, 구따 델리 Gutta på Haugen

물가가 비싼 북유럽에서는 수퍼에서 장을 봐 직접 요리를 해 먹는 사람들이 많다. 쿱Coop, 키위Kiwi, 요커Joker 등 흔히 볼 수 있는 수퍼마켓에서 장을 보는 것도 좋지만, 한 번쯤은 로컬들의 유기농 마켓인 구따 델리에 들러보자. 일반 수퍼마켓보다는 조금 더 비싸지만, 훨씬 신선한 채소와 과일을 만나볼 수 있다. 여기에 꽃 한 송이로 기분을 내면 그야말로 북유럽 감성 충전 완료.

그뤼네뢰카

Access 중앙역에서 T11·T12·T13 탑승 후 Birkelunden 하차, 약 15분 소요
Add Seilduksgata 23B, 0553 Oslo, Norway
Open 일 대략 12:00~19:00(날마다 다름)

노스 센트럴

Access 중앙역에서 도보 25분/중앙역에서 버스 10번 탑승 후 10분 소요
Add Ullevålsveien 45, 0171 Oslo, Norway
Open 08:00~19:00
Web www.gutta.no

#2 오슬로의 이상한 밤 #a_Black_Night

<오슬로의 이상한 밤(O'Horten)>. 우리나라에도 개봉한 적 있는 노르웨이 영화 제목이다. 영화 제목처럼 오슬로의 밤은 방문할 때마다 이상하게 특별하고 오묘하다. 하얀 밤이 지속되는 여름의 백야도 신비롭지만, 겨울의 까만 밤도 사뭇 색다르다. 낮게 떠오르다 지고 마는 겨울 해 덕분에 오후 2~3시만 돼도 저녁처럼 어둠이 내려앉는데, 어둑한 풍경과 대비되게 사람들은 아주 분주하다. 한겨울에 흑야 전 내려앉은 노을이 얼마나 더 진하고 멋진지는 본 사람만이 안다. 개인적으로 여름의 북유럽은 눈부시게 아름답지만, 눈 덮인 겨울이야말로 북유럽의 참모습이 아닐까 생각한다.

MORE 겨울왕국에서 즐기는 스포츠,
오슬로 윈터파크 Oslo Winter Park (& 홀멘콜바켄 Holmenkollbakken)

오슬로 시내 북쪽, 그리 멀지 않은 곳에 겨울 스포츠를 즐길 수 있는 윈터파크가 있다. 노르웨이 사람들에게는 생활 운동이나 다름없는 컨트리 스키나 보드, 스키 등을 마음껏 즐길 수 있는 곳. 장비도 모두 대여 가능하므로 겨울 스포츠 마니아라면 가벼운 걸음으로 들러보자. 노르웨이의 왕족들이 종종 스키를 타러 찾는 곳으로도 알려져 있다.

북부 오슬로

Access	지 하철 중앙역에서 T1 탑승 후 Voksenkollen 하차, 50분 소요/지하철 T1 Voksenkollen 하차 후 도보 15분
Add	Tryvannsveien 64, 0791 Oslo
Open	10:00~22:00(토·일 ~17:00)
Cost	1일권430NOK, 2일권740NOK, 3일권1080NOK
Web	www.oslovinterpark.no/www.skimore.no

#3 it AREA 오슬로의 청춘이여, 그뤼네뢰카 Grünerløkka 로 모여라!

그뤼네뢰카, 발음하기도 어려운 낯선 이름이지만, 오슬로에서 가장 젊고 핫한 동네다.
이 도시의 핫플레이스가 궁금하다면 그뤼네뢰카를 기억하자.

로컬들의 아지트를 소개합니다, 리블링 카페 Liebling

그뤼네뢰카 지구 안쪽 골목에 자리해 현지인들이 아지트처럼 찾는 카페다. 여행자들의 발길이 많이 닿는 곳은 아니지만, 누구에게나 서버들이 친절하고 편안하게 대해준다. 주말 브런치 타임에는 노르웨이 사람들의 대화 꽃이 펼쳐지는 평화로운 분위기. 햇살 비치는 오후에는 자연광 조명에 셀피를 남겨도 좋을 멋진 공간이다.

Access 중앙역에서 11·12·13번 트램 탑승 후 Birkelunden 하차, 13분 소요
Add   Øvrefoss 4, 0555 Oslo
Open   10:00~17:00
Web   www.liebling.no

힙한 분위기에 취하기, 브뤼독 그뤼네뢰카 BrewDog Grünerløkka

코펜하겐에 미켈러 & 프렌즈 바가 있다면, 오슬로에는 브뤼독이 있다. 다양하고 깊은 풍미의 맥주를 맛볼 수 있는 맥주 브루어리로, 그중에서도 스코티쉬 크라프트 맥주를 추천한다. 식사 메뉴로는 햄버거가 맛 좋기로 유명하다. 홀이 꽤 넓어 여유로운 편이지만, 현지인들이 몰리는 시간에는 자리 잡기가 힘들 수 있으므로, 본격 맥주 타임을 즐기고 싶다면 자리부터 잡자.

Access 중앙역에서 도보 18분
Add   Markveien 57, 0554 Oslo
Open   15:00~00:30(월 ~23:00, 토 13:00~, 일 13:00~23:00)
Web   www.brewdog.com

멋을 아는 이들이 모여드는 곳

오슬로의 젊은이들이 모이는 곳! 아니, 젊은이들뿐 아니라 즐길 줄 아는 모두를 위한 공간이다.
놀 준비 된 이들을 위한 멋진 가게들을 만나보자.

핫hot한 주말,
테리토리에 Territoriet

소위 말해 오슬로에서 '가장 잘나간다'는 칭호를 받을 만한 와인 바다. 넓지 않은 바 안에 들어서면 누가 누구와 일행인지조차
모호해지는 자유로운 공간. 이런 분위기 덕분에 금세 그들의 흥에 동화된다. 현지인 틈에서 와인 한잔하고 싶을 때, 친구들끼
리 금요일 밤을 뜨겁게 보내고 싶을 때 추천한다. 와인과 진토닉 등 다양한 주류를 갖췄다.

그뤼네뢰카
Access   중앙역에서 도보 17분
Add   Markveien 58, 0550 Oslo
Open   16:00~01:00(금15:00~, 토~일 12:00~)
Web   www.territoriet.no

식물에 둘러싸여 칵테일 한잔,
토르가타 보타니스케 Torggata Botaniske

그뤼네뢰카 지구 초입에 위치한 작은 칵테일 바. 오슬로에서 가장 아름다운 바로 손꼽히는 곳이다.
이름처럼 식물로 곳곳을 장식한 인테리어가 편안하면서 아름답다. 칵테일 메뉴는 매 시즌 바뀌는데, 한 잔 가격은 약 60NOK
로 그리 비싸지 않은 편이다. 북유럽 물가에 비해 가격 부담이 없어서인지 현지인들은 자리에 앉으면 서너 잔씩은 기본으로 마
시곤 한다. 논알콜 칵테일을 원한다면 바텐더에게 따로 요청하자.

센트럴
Access	중앙역에서 도보 5 분
Add	Torggata 17B, 0183 Oslo
Open	17:00~01:00
	(금·토 14:00~03:00)

왁자지껄 동네 카페,
펠로튼 Peloton

아침부터 밤늦은 시간까지 오픈하는 로컬 카페이자 펍이다.
어느 때고 찾을 수 있어 여행자에게 특히 고마운 곳. 동네
단골들이 주로 찾는 가게로 유명 관광지나 프랜차이즈 카페
와는 또 다른 편안한 매력을 느낄 수 있다. 아침에는 카페인
충전을 하고, 저녁에는 생맥주를 즐겨보자. 좌석이 여유로운
편이므로 로컬들 틈에서 아늑한 시간을 보낼 수 있다.

센트럴

Access	중앙역에서 도보 15 분
Add	Torggata 35, 0183 Oslo
Open	12:00~23:00(월 16:00~, 금~토 12:00~03:30)
Web	pelotonbar.no

아지트 감성 가득 ,
카페 쇠르 Café Sør

센트럴 한복판에 자리한 카페 겸 바. 낮에는 카페로, 밤에는
트렌디한 바로 변신하는 변화무쌍한 곳이다. 나이대에 상관
없이 편히 들러 음료와 스낵을 즐길 수 있는 분위기가 장점.
종종 라이브 뮤직도 연주하는데, 생생하고 활기찬 분위기에
홀려 팬처럼 찾는 이들이 많다. 다만, 공간에 비해 좌석이
다소 적은 것은 아쉬운 점이다.

센트럴

Access	중앙역에서 도보 10 분
Add	Torggata 11, 0181 Oslo
Open	12:00~03:00(일~화 12:00~01:00)
Web	cafesor.no

공장 건물에 들어선 신비한 음악클럽,
블로 Blå

음악에 심취할 수 있는 나이트클럽, 정확하게는 라이브 음
악 공연장이다. 예술적인 느낌 충만한 그라피티에 둘러싸여
신비로운 분위기를 풍긴다. 예술가들의 스튜디오가 모여 있
는 곳에 자리해 있어 자유롭고 힙한 분위기가 물씬하다. 공
장으로 사용되던 공간을 그대로 활용해 무심한 듯 러프하게
꾸몄지만, 그래서인지 더욱 감각적인 분위기다. 여름 시즌에
는 거의 매일 록과 재즈 공연이 열리는데, 라이브 음악의 울
림이 공간 안에서 자연스럽게 울려 퍼진다. 오픈과 공연 일
정은 방문 전 홈페이지를 참고하자.

노스 센트럴

Access	중앙역에서 도보 15분
Add	Brenneriveien 9C, 0182 Oslo
Open	12:00~12:00(금~일 00~03:00)/부정기 휴무, 공연 일정은 홈페이지 참고
Web	www.blaaoslo.no

Signature Oslo

자연이 남긴 거대 협곡 피오르Fjord와 바다, 그리고 신비로운 북극과 맞닿은 대지. 북으로 향하는 길목에 위치한 노르웨이의 대자연은 참으로 다채롭고 이국적이다. 그리고 노르웨이의 수도 오슬로의 가장 큰 매력은 도시 안 한적한 자연과 사람이 만든 인위적인 시설물이 완벽한 조화를 이루고 있다는 것. 바람을 타고 이야기를 속삭이는 듯 넓고 광활한 노르웨이의 자연과, 자연을 닮아 그 속에 폭 안긴 듯한 건축물을 살펴보자.

마음 차분한 영혼의 휴식처, 송스반 호수 Sognsvann

남녀노소를 불문한 일생의 휴식처이자 놀이터로 오슬로 사람들의 사랑을 한 몸에 받는 곳. 오슬로 북부에 있는 아름답고 평화로운 송스반 호수는 큰 숲에 둘러싸인 도시 속 한적한 힐링 스폿이다. 여름에는 캠핑 혹은 물놀이 장소로 애용되며, 겨울에는 눈 덮인 수묵화 같은 풍경에서 크로스 컨트리 스키나 아이스 피싱 같은 겨울 스포츠를 즐길 수 있다. 송스반 호수 바로 옆의 작은 호수 스바르큘Svarkulp은 오슬로에 있는 세 개의 누드 비치 중 하나다.

북부 오슬로

Access   지하철 T5 Sognsvann 하차 후 도보 7분
Add   0890 Oslo

바다를 품은 평화로운 요새,
아케르스후스 요새 Akershus Festning

인기 애니메이션 <겨울왕국>의 알런데일 왕국의 배경으로 알려진 성과 바닷가 요새다. 오슬로를 둘러싸고 도시를 굳건히 지킨 성 내부는 오디오가이드를 빌려 관람할 수 있다. 요새 주변을 산책하다 보면 오슬로 바다가 내려다 보이는 전망 스폿이 나오는데, 그 전경이 매우 아름다우니 요새 주변은 꼭 산책해보길 추천한다. 현지인들은 아지트처럼 이용하는 나들이 스폿이기도 하다.

센트럴

Access	중앙역에서 도보 15분
Add	0150 Oslo, Norway
Open	요새 06:00~21:00/성 10:00~16:00(일 12:00~, 겨울철 토·일 12:00~17:00)/성 내부는 겨울철 평일 휴무 (성 내부 관람 시간은 시즌마다 다름)
Cost	성100NOK
Web	www.forvarsbygg.no

Writer's Tip
오슬로에서 출발하는 피오르 투어

오슬로에서도 피오르 Fjord 를 감상할 수 있다. 시청 앞 선착장에서 출발하는 피오르 투어를 신청하면 약 2 시간 정도 오슬로 앞바다의 피오르를 순환한다. 송네 피오르나 베르겐에 들르지 않았다면 오슬로에서의 피오르 감상을 추천한다.

노벨평화상 시상식이 열리는,
시청 Rådhuset

오슬로 항구에서 바다를 마주하고 서 있는 직각 반듯한 갈색의 시청 건물. 매년 12 월, 노벨평화상 시상식이 열리는 장소다. 내부는 뭉크를 비롯한 노르웨이 대표 화가가 그린 귀한 벽화로 장식되어있으며, 일반인에게 한정된 공간을 개방에 자유롭게 드나들 수 있게 하였다. 이벤트나 대관 등으로비정기 휴관이 있을 수 있으니 방문 전 홈페이지를 참고하자. 여름에는 가이드 투어로도 만나볼 수 있다.

센트럴

Access	중앙역에서 도보 15분
Add	Rådhusplassen 1, 0037 Oslo
Open	09:00~16:00 (수09:00-13:00)
Web	www.oslo.kommune.no

소박한 노르웨이 왕가,
노르웨이 왕궁 Det Kongelige Slott

시민 친화적이라고 해야 할까? 오슬로 시민들은 왕궁의 정원을 출퇴근 길로 삼고, 점심에는 이곳에 앉아 식사를 즐기기도 한다. 그래서인지 삼엄한 경계를 갖춘 다른 유럽 도시의 왕궁과 비교했을 때 다소 소박하고 털털한 매력까지 느껴진다. 매일 오후 1시 반에는 근위병 교대식을 구경할 수 있다. 여름에는 가이드 투어(영어)도 진행하니 참고하자.

센트럴

Access	중앙역에서 도보 10분
Add	Slottsplassen 1, 0010 Oslo
Open	월-목11:00~17:00, 금12:00~, 토~일10:00~ (여름철 가이드 투어 (11:00-17:00) 시에만 입장 가능, 상세 정보는 홈페이지 참고)
Cost	140NOK, 3~12세학생 110NOK/가이드 투어 150NOK
Web	www.kongehuset.no

뜻깊은 박물관으로는 북유럽 제일!
노벨 평화센터 Nobel Peace Centre

전시 내용만 두고 보면 특별한 볼거리는 없지만, 전시의 의미만으로도 충분히 가치 있는 박물관이다. 인권과 평화를 수호하는 전시 내용을 통해 감동과 교훈을 얻을 수 있어 특히 아이를 동반한 가족 단위로 방문하기에 좋다. 현세대에 많은 시사점을 던져주는 공간이라 여운이 짙게 남는다. 빨간색 벽이 강렬한 기프트 숍도 다른 박물관과는 다른 재미난 볼거리로, 그리 넓지 않은 공간 안에는 아프리카와 세계 각지의 공정무역 상품과 공예품으로 가득하다.

센트럴

Access	중앙역에서 도보 15분
Add	Brynjulf Bulls plass 1, 0250 Oslo
Open	11:00~17:00
Cost	120NOK, 청소년 80NOK, 16세 이하 무료/오슬로 패스
Web	www.nobelpeacecenter.org

Tip! 12월 10일부터 30일까지 노벨평화상 시상 기간에는 무료로 입장할 수 있다.

도심 속 작은 자연,
아케르셀바 강 Akerselva

센트럴에서 20분만 걸으면 만날 수 있는 작은 강 아케르셀바. 자연의 땅 노르웨이답게 도시를 가로지르는 작은 강에서도 넘치는 자연미를 느낄 수 있다. 물줄기를 따라가다 보면 중간중간 힘차게 흐르는 작은 폭포도 만날 수 있고, 강 주변으로는 무심하게 자란 듯한 나무들이 내추럴한 아름다움을 뽐낸다. 특히 그뤼네뢰카 지구의 오슬로 국립미술대학교 근처는 쉬어갈 벤치가 많아서 피크닉 장소로 제격이다. 산책하거나 벤치에 앉아 점심을 먹는 등 각자의 시간을 보내는 오슬로 사람들 틈에서 힐링을 즐겨보자.

그뤼네뢰카

Access	중앙역에서 도보 25분/중앙역에서 버스54번 탑승 후 13분 소요
Add	Oslo Municipality
	Aamodt Bru(산책 다리, 주소Åmotbrua, 0554 Oslo)

빙산을 닮은 오페라 하우스,
오슬로 오페라 하우스 Operahuset Oslo

바다와 맞닿은 작은 섬이라고 봐도 될 정도로 거대한 공연장이다. 대리석과 화강암으로 매끈하게 지은 이 건물은 건축가 스뇌헤타Snøhetta의 작품으로, 일명 '빙산'을 닮은 건축물로 유명하다. 빼어난 디자인으로 노르웨이 국내외 건축상을 수상한 바 있다. 가벼운 산책이 가능할 정도로 완만한 경사로 이뤄진 건물은 그 꼭대기에 그림 같은 바다 뷰를 숨겨 놓았다. 점심시간이나 해질 녘에는 바다를 보며 식사하거나 피크닉을 즐기려는 현지인이 하나둘 자리를 잡기 시작한다. 그만큼 뷰가 좋기로 정평이 난 곳이니 훌륭한 건축물과 빼어난 뷰 모두 놓치지 말자. 건물 내부에는 카페가 있으며, 화장실을 무료로 이용할 수 있다.

센트럴

Access	중앙역에서 도보 8분
Add	Kirsten Flagstads Plass 1, 0150 Oslo
Open	11:00~18:00(공연에 따라 다름)
Web	www.operaen.no

심오한 노르웨이 예술의 세계

노르웨이 대표 화가인 뭉크의 작품을 만나볼 수 있는 뭉크 뮤지엄과 신 국립미술관을 필두로 장르를 뛰어넘는 다양한 예술의 세계가 펼쳐진다. 공간과 건축을 넘나들며 미적 감각을 뽐내는 노르웨이 예술의 현주소를 찾아보자.

뭉크를 위한 뭉크에 의한 갤러리, 뭉크 뮤지엄 MUNCH

한적한 바닷가 옆에 자리한 뭉크 박물관이다. 규모는 그리 크지 않지만, 뭉크의 대표작인 <절규>, <마돈나>, <다리 위의 여인들> 등을 보유하고 있다. 뭉크의 팬이나 미술 애호가라면 꼭 들러보기를 바란다. (단, 해외 전시 등으로 작품이 자리를 비우는 경우도 있다.)

뭉크는 어릴 때 어머니와 누나를 일찍이 여읜 후 평생 우울증으로 힘들어했다고 고백한다. 그로 인해 작품 대부분이 우울함과 불안함으로 지배된 듯한 것도 사실이다. 하지만 뭉크의 그림을 자세히 들여다보면 생각보다 다양한 색감이 녹아 있어 그 안의 아름다운 파스텔톤의 색감 변화를 찾아볼 수 있다. 이는 그림으로 마음을 치유했던 뭉크가 붙잡고 있던 한 줄기 희망 같은 것이 아니었을까.

공감각적으로 예술을 즐기는 미술관, 아스트루프 펀리 현대미술관 Astrup Fearnley Museet

바닷가 바로 앞, 전망 좋은 뉴타운에 자리 잡은 현대 미술관이다. 개인이 소유한 미술관이지만, 제프 쿤스, 올라퍼 엘리아슨, 매튜 바니 등 이름만 들어도 알 만한 훌륭한 현대 작가의 작품을 갖추고 있다. 미술관 건물은 세계적인 건축가 렌조 피아노의 작품. 피오르와 건축물이 함께 담기는 경관이 일품이니 전시는 물론 바닷가 산책까지 시간을 넉넉히 들여보는 것을 추천한다. 바다를 바라보며 음료를 즐길 수 있어 언제나 인기인 1층 카페 빈엔 바르Vingen Bar도 잠시 쉬어가기 좋다.

센트럴

Access	지하철 중앙역에서 도보 8분
Add	Edvard Munchs Plass 1, 0194 Oslo
Open	월~화 10:00~18:00, 수~일10:00~21:00
Cost	160NOK/오슬로 패스
Web	www.munchmuseet.no

사우스 센트럴

Access	중앙역에서 도보 15분
Add	Strandpromenaden 2, 0252 Oslo
Open	12:00~17:00(목 ~19:00, 토·일 11:00~17:00) /월·공휴일·12/25·1/1 휴무
Cost	150NOK/오슬로 패스
Web	www.afmuseet.no

아름다운 공원 안 조각의 향연,
프롱네르 파크(비겔란 조각공원)
Frongnerparken(Vigelandsparken)

노르웨이의 유명 조각가 구스타브 비겔란의 조각 작품을
만나볼 수 있는 공원이다. 공원 명칭은 프롱네르 파크지
만, 비겔란 조각공원이란 이름으로 더 많이 알려져 있다. 대
표작으로는 121명의 인간 군상을 탑으로 세운 <모노리탄
Monolitten>과 화가 난 아기 동상 <신나타겐Sinnataggen>
이 있다. <모노리탄>은 다양한 인간의 삶에 대한 오마주를,
<신나타겐>은 그 시대에 빈번했던 아동학대라는 무거운 주
제를 담은 작품이다. 두 작품 모두 사진을 찍으려는 사람들
로 줄이 늘어서는 유명한 포토존. 그 외에도 인간의 궁극적
인 감정인 욕망, 사랑 등을 표현한 작품들이 공원 곳곳에 놓
여 있다. 야외공원으로 24시간 오픈 되어있다.

프롱네르
Access   중앙역에서 2·3·12번 트램 탑승 후 Vigelandsparken 하차,
          약 30분 소요
Add   Nobels gate 32, 0268 Oslo
Web   www.vigeland.museum.no

고풍스러운 내부와 세련된 큐레이팅의 미술관,
국립미술관 Nasjonalmuseum

현대미술과 건축을 포괄적으로 다루는 국립 미술관. 노르웨
이 대표 화가인 뭉크의 <절규>, <마돈나>를 포함한 대표작
을 50여점 이상 보유했을 뿐 아니라 피카소, 세잔, 마네, 드가
같은 서유럽 화가들의 작품도 만날 수 있다. 2020년 오슬로
시청 근처에 바닷가로 옮겨 새로운 국립미술관으로 새롭게
문을 열었다.

센트럴
Access   지하철 중앙역에서 도보 8분
Add   Brynjulf Bulls Plass 3, 0250 Oslo
Open   화~일 10:00~21:00/월 휴무
Cost   180NOK/오슬로 패스
Web   www.nasjonalmuseet.no

Shop1

Shopping Malls

백화점처럼 규모가 거창하지는 않지만, 있을 것들은 다 들어 있는 오슬로의 쇼핑몰들.
무엇보다 휴식 공간과 편의 시설을 훌륭히 갖춘 것이 눈길을 끈다. 개성 넘치는 젊은 감각으로 중무장
한 오슬로 중심가의 쇼핑 스폿을 찾아보자.

잇 쇼핑몰,
팔리에 Paleet

오슬로 최대 쇼핑거리인 칼 요한스 거리Karl Johans Gate에
위치한 쇼핑몰. 위치가 워낙 좋아 오가며 자주 들를 수밖에
없는 쇼핑몰이다. 남녀노소 모두가 찾을 만한 다양한 의류
브랜드와 음식점 등이 입점해 있다. 몽클레어, 아크네 등 유
행하는 의류를 모아 놓은 편집숍 YME를 필두로 노르웨이의
국민 레스토랑 에곤Egon, 높은 천장이 인상적인 카페 더 룸
The Room 등이 추천할 만하다. 벤치 등 휴식 공간을 넓게 배
치해놓아 쇼핑하다가 휴식을 취하기도 좋다.

센트럴
Access   중앙역에서 도보 10분
Add   Karl Johans gate 37-43, 0162 Oslo
Open   10:00~20:00(토 ~18:00)/일 휴무
Web   www.paleet.no

밤이 되면 반짝반짝 빛나는,
글라스마가신 Glasmagasinet Oslo

오래된 유럽의 백화점을 닮았지만, 정확하게는 백화점이 아
니라 쇼핑몰이다. 센트럴에 위치해있으며, 저녁에 조명을 밝
힌 외관이 특히 예쁘다. 내부는 우리나라의 백화점과 비슷한
구조라 우리나라 사람들이 쇼핑하기에 가장 편리한 몰이다.
북유럽의 쇼핑몰답게 인테리어 섹션을 다양하게 갖춘 것이
특징. 노르웨이의 기념품을 사고 싶다면 1층의 디자인 숍 바
이 노르웨지안스 By Norwegians을 찾아보자.

센트럴
Access   중앙역에서 도보 10분
Add   Stortorvet 9, 0155 Oslo
Open   10:00~19:00(토 ~18:00)/일 휴무
Web   www.glasmagasinet.net

오래된 책방,
노를리스 앤틱서점 Norlis Antikvariat

1890년에 오픈한 빈티지 서적 전문 100년이 넘은 곳. 근처
의 대형 서점인 노를리스에서 함께 운영하는 곳이다. 인테리
어용으로 제격인 예쁜 표지의 외국 책을 기념품 삼아 구매하
기 좋다. 무엇보다 서점의 분위기가 마치 해리포터에 나오는
마법의 책을 팔 것만 같이 따스하고 고풍스러워 SNS용 사진
을 찍기에도 제격이다. 단, 서점이므로 실내 사진 촬영 전 허
가를 받고 찍을 것을 추천한다.

센트럴
Access   중앙역에서 도보 12분
Add   Universitetsgata 18, 0164 Oslo
Open   10:00~18:00(토 ~16:00)/일 휴무
Web   www.norlis.no

Nordic Interior

노르웨이 풍경을 닮은 파스텔톤 색감과 유려한 디자인의 노르웨이 제품들을 만나보자.

노르딕 홈 스타일링은 이곳에서!
노르웨이 디자인스 Norway Designs

노르딕 디자인의 정수를 모아 놓은 편집숍으로, 노르웨이 출신 작가의 세라믹 작품이나 패브릭, 침구류 등 다양한 물건을 만나볼 수 있다. 현지 브랜드의 홈 스타일링 상품과 공예품이 한데 모여 있어 선물용 쇼핑 장소로도 적합하다. 가격은 약간 비싼 편이지만, 그만큼 믿을만한 퀄리티를 보장하는 곳. 무엇보다 한국에서 구매하는 것보다는 훨씬 저렴하게 구매할 수 있다.

센트럴

Access 중앙역에서 도보 10분
Add   Lille Grensen 7, 0161 Oslo
Open   10:00~18:00/일 휴무
Web   www.norwaydesigns.no

인스타그래머의 작은 빈티지 숍,
인벤터리움 Inventarium

그뤼네뢰카에 위치한 작은 빈티지 숍.
인스타그램(@inventarium_)에서 활발히 활동해 꽤 많은 팔로워를 보유하고 있다. 인심 좋은 주인아주머니 덕에 동네 주민들은 오가며 사랑방처럼 들르는 곳. 인테리어 소품류도 다양하고, 노르웨이를 떠올릴 만한 귀여운 기념품 제품도 많다. 북유럽 신화에 등장하는 트롤 모형이나 오슬로 기념 접시 같은 귀여운 빈티지 물건으로 노르웨이를 추억해보자.

그뤼네뢰카

Access 중앙역에서 도보 20분/중앙역에서 T11·12·13 탑승 후 10분 소요
Add   Markveien 51, 0554 Oslo
Open   12:00~18:00(토 11:00~17:00, 일 ~16:00)/부정기휴무

북유럽 소품 탐험,
라거하우스 Lagerhaus

북유럽의 디자인 세계는 끝이 없다. 이미 한국에 많은 브랜드가 입점했는데도 현지에는 우리가 모르는 인테리어 숍이 무궁무진하다. 라거하우스 역시 우리나라에는 알려지지 않았지만 코펜하겐, 스톡홀름, 헬싱키 등 북유럽에 널리 지점을 낸 인테리어 소품점이다. 주방 및 생활소품에 걸친 북유럽의 디자인 제품을 저렴하게 구매할 수 있다. 50NOK 이하의 저렴한 소품류도 많아 물가 비싼 북유럽에서 득템을 노려볼 만하다. 예쁜 밀폐용기나 도시락통, 돗자리 등을 구매해 여행 내 요긴하게 사용하는 것도 북유럽 여행의 팁이다.

센트럴

Access 중앙역에서 도보 8분
Add   Grensen 8, 0159 Oslo
Open   10:00~20:00(토 ~18:00)/일 휴무
Web   www.lagerhaus.no

The Best Coffee Ever

전 세계가 주목한 카페, 오슬로 최고의 커피를 찾아서

노르웨이에서 커피를 빼놓는다면 아마도 어딘가 아쉽고, 살짝 무료한 여행이 될 것이다.
오슬로 카페 투어로 여행 속 여행을 떠나보자.

세계로 뻗어간 명성의 그곳, 푸글렌 Fuglen

커피에 관심이 있다면 한 번쯤 들어본 그 이름. 뉴욕, 도쿄 등에 지점을 둔 세계적인 카페로 그 본점은 오슬로에 있다. 레트로 인테리어가 돋보이는 따뜻한 공간이 커피 한 잔을 더욱 특별하게 만들어 주는 곳. 커피는 물론 스콘이나 번, 도넛 같은 빵 종류도 맛있으며, 저녁에는 칵테일 등 알코올음료도 마실 수 있다. 매 시즌 선보이는 베리 향, 다크초콜릿 향 등 베리에이션 커피 원두도 구매할 만하다. 옆 가게까지 공간을 확장해 자리는 적지 않지만, 여전히 치열한 자리 경쟁에 합류해야 한다. 오리지널 스칸디나비안 가구와 조명도 판매하며 유명 디자이너 작품부터 잘 알려지지 않은 브랜드 제품까지 한결같이 수려한 디자인을 자랑한다.

센트럴
Access   중앙역에서 도보 15분
Add   Universitetsgata 2, 0164 Oslo
Open   일~화10:00~19:00(수~목 ~22:00, 금·토 ~01:00)
Web   www.fuglen.no

세계 바리스타 챔피언 인 오슬로,
팀 웬들보 카페
Tim Wendelboe

2004년 바리스타 상을 처음으로, 여러 대회에서 수상한 바리스타 '팀 웬들보'가 만든 카페다. 카페 푸글렌이 분위기와 커피 맛, 베이커리 등 여러 방면에 공을 들인 곳이라면, 이 팀웬들보 카페은 오로지 커피만을 생각한 공간. 직접 원두를 로스팅하는 로스터리 카페로 카페 내부 자리는 3~4좌석에 불과하다. 커피 원두를 팩 단위로 구매할 수 있어 한 손에는 커피 한 잔을 테이크아웃하고, 다른 한 손에는 커피 원두를 쥐고 가는 사람들이 흔히 보인다. 커피부터 우드색 짙은 카페 인테리어까지 카페의 모든 것이 하이퀄리티다.

예술 감성 충만한 복층 공간에서 커피 한잔,
오펜트 베이커리 Åpent Bakeri Frydenlund

영어로는 오픈 베이커리 Open Bakery 라는 이름의 빵집 체인으로, 오슬로에만 여러 지점이 있다.
이왕이면 최근 커피와 브런치 맛집이 모여드는 생트 한스하우겐 공원 Sankt Hanshaugen Park 근처의 프리덴룬 Frydenlund 지점을 찾아보자. 복층 구조와 나무 인테리어로 꾸민 공간의 예술적인 분위기가 매우 고급스럽다. 아침에 찾는다면 호밀빵과 주스로 하루를 시작하고, 오후나 저녁시간에는 맛있는 케이크 한 조각에 커피를 곁들여 볼 것을 추천. 특히 해가 진 뒤의 분위기가 더욱 멋스럽다.

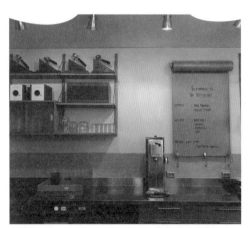

그뤼네뢰카
Access	중앙역에서 도보 15분
Add	Grüners gate 1, 0552 Oslo
Open	08:30~18:00(토-일 11:00~17:00)
Cost	원두(팩) 170~350NOK
Web	www.timwendelboe.no

노스 센트럴
Access	중앙역에서 버스 37번 탑승 후 약 14분 소요 혹은 도보 25분
Add	Frydenlundgata 2, 0169 Oslo
Open	07:30~17:00(토-일 09:00~16:00)
Web	www.apentbakeri.no

깔끔하고 세련된 스칸디나비안 공간,
자바 에스프레소 Java Espresso

북유럽 인테리어의 정수를 볼 수 있는 카페. 단순하지만 기능적으로 완벽하게 디자인되었을뿐더러 고급스러운 디테일이 빼어난 곳이다. 하지만 극찬받을 것은 인테리어뿐이 아니니, 커피 맛 또한 뛰어나기로 유명하다. 오펜트 베이커리와 함께 생트 한스하우겐 공원 근처의 커피 브레이크 장소로 인기다. 진한 카페 라테나 플랏 화이트 Flat White 를 추천한다.

노스 센트럴
Access   중앙역에서 도보 25분/중앙역에서 버스 37번 탑승, 약 10분 소요
Add   Ullevålsveien 47, 0171 Oslo
Open   09:00~17:00
Web   www.javamocca.no

Fine Dining 식사의 품격을 좇아, 오슬로 식도락 여행

도시의 분위기는 한적하지만, 식당과 카페가 유독 많이 자리한 오슬로. 가게 간 경쟁이 치열해 음식 퀄리티가 좋을 수밖에 없다. 특히 해산물로 유명한 노르웨이답게 신선한 해산물 요리를 선보이는 퀄리티 좋은 식당이 많다. 또한 북유럽에서는 카페가 커피만 마시는 곳이 아니라는 것. 간단한 식사를 곁들일 맛 좋고 분위기 좋은 감성 카페까지 다양하게 소개한다.

닥터 크나입스 레스토랑 & 와인바
Dr. Kneipp's Vinbar

오슬로에서의 가장 만족도 높은 한 끼를 찾는다면 이만한 식당이 없다. 그뤼네뢰카에 굳건히 자리 잡은 인기 레스토랑답게 평일 저녁에도 로컬들의 발길이 끊이지 않는다. 와인 리스트도 훌륭하게 갖추었으며, 스테이크에 와인 한 잔을 곁들여도 400~500NOK 내외라 가격대도 합리적이다. 날이 따뜻하다면 야외 테라스에서 식사하는 것도 좋다.

그뤼네뢰카

Access 중앙역에서 도보 20분
Add   Torvbakkgata 12, 0550 Oslo
Open   16:00~00:30/일·월 휴무
Web   www.markveien.no

오슬로에서 파리지앵처럼 식사하기
르 벤자민 Le Benjamin Bar & Bistro

오슬로에서 완벽한 프렌치 디쉬를 만나보자. 와인을 사랑하는 노르웨이 사람들은 그와 어울리는 프렌치 음식을 유독 좋아한다. 르 벤자민은 정통 프랑스 음식을 선보이는 곳으로, 신선한 재료로 수준 있는 음식을 내 현지인들에게 인기다. 2~3코스 메뉴에 인당 500NOK 정도 예상하면 된다. 주말이나 붐비는 시간대에는 예약하고 찾을 것을 추천한다. 바로 옆에 아크네 제품을 저렴하게 구매할 수 있는 아크네 아카이브Acne Archive 매장이 있으므로 함께 구경해도 좋다.

그뤼네뢰카

Access 중앙역에서 도보 18분
Add   Søndre gate 6, 0550 Oslo, Norway
Open   16:00~21:00(토 15:00~)/월 휴무
Web   www.lebenjamin.no

오슬로 스타일의 럭셔리한 한끼
더 티프 호텔 & 푸드 바
The Thief Hotel & Food Bar

노르웨이 앞바다의 요트와 바다를 내려다보는 럭셔리 부티크 호텔의 푸드 바. 훌륭한 인테리어는 물론 스파, 루프톱 바 등 시설을 두루 갖춘 이 호텔의 유일한 단점은 비싼 숙박료지만, 꼭 호텔에 묵지 않아도 푸드 바를 이용할 수 있어 인기다. 분위기를 한껏 낸 브런치나 디너를 즐기고 싶다면 주저 없이 찾아보자. 음식의 퀄리티나 높은 서비스 수준에 비해서는 비교적 가격이 저렴한 편이다. 7~8월의 여름철에는 2층 푸드 바는 문을 닫으나, 대신 9층에 비슷한 가격대의 루프 그릴 식당을 오픈한다.

센트럴

Access 중앙역에서 도보 15분
Add   Landgangen 1, 0252 Oslo
Open   13:00~16:00, 17:00~21:00
Web   www.thethief.com

아는 사람만 아는 노르딕 레스토랑
아라카타카 Arakataka

벽면을 가득 채운 아름다운 벽화와 북유럽 인테리어가 조화를 이루는 모던 노르딕 다이닝 레스토랑이다. 공간의 아름다움에 일단 반하고, 퓨전 노르딕 음식에 또 한 번 반하게 될 작은 로컬 식당. 동네에 숨겨진 힙한 레스토랑을 찾는다면 꼭 들러보자. 신선한 현지 재료를 사용해 만들어내는 요리들은 시즌에 따라 바뀌지만 4~5코스 요리를 약 500NOK 정도의 합리적인 가격대에 내놓는다. 대부분 음식이 와인과 잘 어울리므로 분위기를 내고 싶다면 병 와인을 주문해 곁들이는 것도 좋다.

그뤼네뢰카

Access 중앙역에서 도보 15분
Add   Mariboes gate 7B, 0183 Oslo
Open   16:00~22:00/일 휴무
Web   www.arakataka.no

같은 요리라도 싱싱한 식재료를 두 눈으로 보고 직접 요리하는 모습을 구경하면 배로 맛있고 재미있는 법.
식재료를 살펴본 뒤 구매할 수도 있고, 식당에서 식사도 할 수 있는 마켓 겸 레스토랑을 모아봤다.

오슬로의 주방
마탈른 푸드홀 Mathallen Oslo

오슬로의 실내 전통시장을 현대화한 실내 시장으로 깔끔하게 정돈된 공간이 인상 깊다. 장을 보는 사람이나 식사를 하는 사람,
술 한잔하는 사람까지 각자의 시간을 즐기기에 충분한 곳. 샐러드부터 케이크까지 다양한 음식을 만나볼 수 있다. 숙소에서 요
리를 할 수 있다면 간단히 먹을 수 있는 음식이나 식재료를 구매해 직접 요리해 보는 것도 추천한다. 근처 아케르셀바 강 주변
을 산책하는 것도 놓치면 아쉬울 코스다.

그뤼네뢰카
Access   중앙역에서 버스34·54번 탑승 후 13분 소요 혹은 도보 20분
Add   Vulkan 5, 0178 Oslo
Open   11:00~20:00
Web   www.mathallenoslo.no

싱싱한 노르웨이산 해산물에 특화된 곳
피스케리엣 Fiskeriet Youngstorget

작지만 유서 깊은 해산물 마켓에 딸린 식당이다. 마켓의 신선한 해산물로 요리를 만들어 판매하는 곳으로 해산물 마니아라면 솔솔 풍기는 음식 냄새에 그냥 지나치기 힘들 만하다. 생굴, 피쉬앤칩스, 토마토소스를 곁들인 새우, 그릴에 구운 해산물 등 다양한 요리를 판매한다. 추천메뉴는 한국 여행자들이 좋아하는 피쉬 크림스프(약 250NOK). 생선 살이 덩어리째 들어가 고소한 맛이 매력적이다. 음식을 테이크아웃하면 약 20%까지 할인해주기도 한다.

센트럴

Access   중앙역에서 도보 7분
Add   Youngstorget 2b, 0181 Oslo
Open   11:00~16:00/일~월 휴무
Web   www.fiskeriet.net

오슬로는 도시 중간중간 공원이 많고, 대부분의 길이 넓어 산책하기에도 좋다. 숙소에 도착하면 근처 공원을 찾아 도시 탐방과 자연 속 힐링을 동시에 즐겨보자.

위치와 접근성으로는 최고
컴포트 호텔 그랜드 센트럴
Comfort Hotel Grand Central

북유럽 곳곳에서 만나볼 수 있는 체인 호텔이다. 시설은 대체로 무난한 편이고, 가격이 저렴한 것이 장점. 비성수기 기준으로 10만 원대에 머물 수 있는 가장 편리하고 깔끔한 호텔 중 하나이다. 오슬로 중앙역 근처에 4개의 지점이 있는데, 베르겐Bergen 등 다른 도시로 이동할 때 아주 편리한 컴포트호텔 그랜드 센트럴Grand Central점과 중앙역에서 도보 4분 거리의 컴포트호텔 익스프레스 센트럴스테이션Xpress Central Station 지점을 추천한다. 두 지점 모두 위치가 훌륭하며, 공항과의 접근성 또한 좋다.

실속형 여행자들 모여라~
시티박스 오슬로 City Box Oslo

가성비로는 가히 최고라 할 수 있는 체인 호텔이다. 오슬로의 평균 숙박비가 저렴한 편이지만, 그래도 중앙역 도보 5분 거리 호텔에서 비수기 기준 10만원 이하로 머물 수 있다니 가격 대비 괜찮은 선택이다. 고급스러운 분위기는 없어도 깔끔한 디자인에 넓은 로비가 있으며, 트램 역도 호텔 바로 앞에 있다. 객실 예약이 빠르게 차는 곳이니 원하는 기간을 정해 서둘러 예약하자.

센트럴
Access 중앙역에서 도보 2~4분
Add   Jernbanetorget 1, 0154 Oslo
Cost   더블룸 1500NOK~
Web   www.nordicchoicehotels.no

센트럴
Access 중앙역에서 도보 5분
Add   Prinsens gate 6, 0152 Oslo
Cost   더블룸 600NOK~
Web   www.citybox.no

안그스바
Angst Torggata

센트럴 메인 도로의 뒤편에 숨어 있는 바다. 실내와 실외에 제법 좌석을 갖추었으니 편하게 찾아보자. 일정을 마무리하고 맥주나 칵테일 한잔하면 여행의 피로가 싹 풀릴 만큼 따뜻한 공간이다. 날씨가 좋다면 선선한 바람을 맞으며 바깥 테이블에 앉는 것도 좋다.

센트럴

Access 중앙역에서 도보 7분
Add Torggata 11, 0181 Oslo
Open 12:00~23:00(수·목 ~01:30, 금·토 ~03:00, 일 14:00~23:00)

카페브레너리
Kaffebrenneriet

미국의 한 카페를 모티프로 해 생겨난 지 20년이 지난 지금, 오슬로인들에게는 스타벅스와도 같은 카페다. 커피 한 잔에 25~40NOK로 가격도 적당한 편. 커피 메뉴로는 플랫 화이트Flat White 같은 에스프레소 향이 진한 라테코르타도Cortado를 추천한다. 유럽및 세계적으로 인기를 얻은 노르웨이 드라마 스캄<SKAM>에도 자주 등장할 만큼 많은 오슬로인에게는 익숙한 낯익은 공간이다.

그뤼네뢰카

Access 중앙역에서 도보 15분
Add Markveien 60, 0550 Oslo
Open 07:00~19:00(토~일 09:00~18:00)
Web www.kaffebrenneriet.no

노르비 베이커리
Baker Nordby

귀여운 캐릭터 네온사인 간판이 눈길을 사로잡는 빵집. 세련된 외관과 인테리어와 달리 1908년 문을 연 오랜 전통의 노르웨이 대표 베이커리다. 백 년이 넘는 긴 시간 동안 전통 북유럽식 빵을 고집하는 곳. 가게는 리뉴얼을 통해 모던하게 탈바꿈했지만, 전통의 맛만은 변하지 않았다. 가장 인기 있는 빵은 시나몬 번으로 금세 동나곤 하니 맛보고 싶다면 서두르자. 출출한 아침을 채워줄 담백한 빵도 종류별로 준비되어 있다.

그뤼네뢰카

Access 중앙역에서 도보 10분
Add C.J. Hambros plass 7, 0164 Oslo
Open 07:00~17:00(토 10:00~16:00)/일 휴무
Web www.bakernordby.no

아케브리게
Aker BryggeShopping Mall

오슬로 항구 근처의 신식 건물에 들어선 쇼핑몰이다. 팔리에보다 규모도 크고, 입점한 매장의 종류와 스타일도 더 다양해 특히 의류 쇼핑이 목적이라면 시간을 들여 구경할 만하다. 한국에서 만나볼 수 있는 H&M, COS 등의 매장도 인기지만, 한국에 입점하지 않은 삼쇠에삼쇠에SAMSØE&SAMSØE 나타이거오브스웨덴Tiger of Sweden 같은 북유럽 의류 브랜드 매장까지 종류가 다양하다.

센트럴

Access 중앙역에서 도보 15분
Add Bryggegata 9, 0250 Oslo
Open 10:00~20:00(토 ~18:00)/일 휴무
Web www.akerbrygge.no

엔게브레 카페
Engebret Café

전통 노르웨이 음식을 만나보고 싶다면 150년 역사의 식당 엔게브레 카페를 찾자. 가정식 요리 같은 따뜻함에 세련미를 두루 갖춘 이곳은 노르웨이 음식을 기반으로 하기에 해산물이 주된 재료로 쓰인다. 가격은 다소 비싼 편이지만 만족도는 높다. 이곳 역시 예약하고 가는 것이 안전하다.

센트럴

Access 중앙역에서 도보 10분
Add Bankplassen 1, 0151 Oslo
Open 11:30~23:00(토 17:00~)/일 휴무
Cost 단품 메뉴 300NOK 내외
Web www.engebret-cafe.no

코쉬 펜션
CochsPensjonat

왕궁 뒤편에 위치한 아파트먼트 호텔. 센트럴과 아주 가깝지는 않지만, 도보로 이동할 수 있는 거리에 깔끔한 시설과 저렴한 가격이 장점이다. 비수기 기준 10만 원대에 부엌 딸린 아파트먼트에 머물 수 있다. 부엌에서 요리도 하면서 현지인처럼 살아보기에 적당한 곳이다. 매일 왕궁 정원을 산책할 수 있는 것 또한 장점.

센트럴

Access 중앙역에서 도보 25분 /중앙역에서 T11·17·18 탑승 후 15분소요
Add Parkveien 25, 0350 Oslo
Cost 더블룸 600NOK~
Web www.cochspensjonat.no

수프림로스트웍스
Supreme Roastworks

오슬로 최고의 커피 톱3에 항상 이름을 올리는 로스터리 카페. 커피 맛으로는 빠지지 않는 곳이니 카페 투어가 목적이라면 꼭 방문해볼 것을 추천한다. 강하게 로스팅한 원두는 특히 라테와 잘 어울린다. 실내의 분위기도 정갈하고 바리스타도 친절해 편안한 분위기다. 이곳의 장점이지만, 공간이 그리 넓지 않은 데다가 워낙 많은 이들이 찾는 곳이라 자리를 잡기 위해서는 점심시간과 퇴근 시간을 피해 가는 것이 좋다.

그뤼네뢰카

Access 중앙역에서 T11·12·13 탑승 후 Birkelunden하차, 15분 소요
Add Thorvald Meyers gate 18A, 0555 Oslo
Open 10:00~16:00(토·일~17:00)
Web www.srw.no

센트랄렌
SentralenRestaurant

자그마한 가게들이 대부분인 북유럽에서 흔치 않은 널찍한 레스토랑이다. 일행이 여럿이라면, 혹은 찾는 가게마다 다닥다닥 붙은 좌석 배치가 부담스러웠다면 센트랄렌이 정답이다. 천장도 높고 좌석 배치도 시원해 마음 편하게 식사를 즐길 수 있다. 분위기도 아늑하지만, 음식 맛과 서비스 또한 훌륭해 주말에는 이곳을 찾는 손님이 큰 홀을 가득 채우기도 하니 예약하는 것이 좋다.

그뤼네뢰카

Access 중앙역에서 도보 10분
Add ØvreSlottsgate 3, 0157 Oslo
Open 16:00~23:00/일~월 휴무
Web www.sentralenrestaurant.no

도시 INTRO [Oslo]

국가	노르웨이 왕국 Kingdom of Norway
수도	오슬로 Oslo
인구	약 520만명
종교	복음 루터교94% 기타6%
언어	노르웨이어
화폐	노르웨이 크로네
	Krone(NOK 1NOK=약130원, 2022년 07월 기준)
국가번호	(국제전화) +47
비자	무비자 90일 체류가능(헹겐조약 가맹국, 스발바르 제도 제외)
시차	-8시간(서머타임 적용 시 -7시간)
전원	220v, 50hz(한국과 전압은 동일,
	여행시 변압기없이 사용가능)
날씨	우리나라와 비슷한 사계절을 가졌으나, 여름에는
	좀 더 시원하고 겨울이 좀 더 온화하다. 겨울에
	비나 눈이 자주 오며, 연중 일교차가 심한 편이다.
여행하기 좋은 시기	4~10월(날이 따뜻하고 낮이 길다)
물가	전체적인 물가는 약 한국의 2배 이상으로 특히
	교통비와 외식비가 매우 비싼 편이다.
	하지만 숙박비나 마트 물가는 생각보다 저렴하다.
	한국에서 미리 환전해 신용카드와 현금을 함께
	사용할 것. 하루 예산은 숙박비를 제외하고
	1인 최소 10~15만원 정도를 예상하면 된다.

수퍼마켓	쿱Coop, 키위Kiwi, 요커Joker
공휴일	1월 1일 새해 New Year's Day
	4월 중. 종려주일, 성 목요일, 성 금요일, 부활절,
	부활절 다음 월요일
	(Palm Sunday, Maundy Thursday,
	Good Friday Easter, Easter Monday)
5월 1일	노동일 Labour Day
5월 17일	헌법 제정일 Constitution Day
5월 중.	예수승천일 Ascension Day
5-6월 중.	성령강림절 Whit Monday
12월 25일	크리스마스 Christmas
12월 26일	박싱데이(성 스테파노 축일) 2nd Day of Christmas
노르웨이 관광청	www.visitnorway.com
오슬로 관광청	www.visitoslo.com
한국대사관	Inkognitogaten 3, 0244 Oslo
	(전화: 2254-7090 / 9093-1678(긴급))
긴급 연락처	112, 110

오슬로 교통
유럽에서 오슬로로 이동하기

저가 항공

스칸디나비아반도 왼쪽에 자리 잡은 노르웨이의 지리적 특성상 이동 시간과 비용을 모두 절감하기 위해서는 항공편을 이용하는 것이 좋다. 스칸디나비아 항공, 노르웨이 항공과 이지젯 등이 오슬로행 항공편을 운항하고 있다.

WEB 노르웨이 에어 셔틀 www.norwegian.no
     스칸디나비아 항공 www.flysas.com
     이지젯 www.easyjet.com/en

기차

인접 국가인 덴마크와 스웨덴에서는 기차로 이동할 수 있다. 덴마크 코펜하겐에서 오슬로까지는 기차로 약 8시간, 스웨덴 스톡홀름에서 오슬로까지는 특급기차로 약 6시간 소요된다.

WEB 노르웨이 기차 www.nsb.no

페리

코펜하겐에서 오슬로까지도 역시 페리로 이동할 수 있다. 자세한 내용은 코펜하겐 교통 정보 참고.

WEB DFDS페리 www.dfdsseaways.com

오슬로 시내 들어가기

주요 국제선을 이용한 경우 오슬로 가더모엔Gardermoen 국제공항으로 들어온다. 오슬로 중앙역까지는 노르웨이 국영 철도NSB로 이어지므로 게이트를 나와 빨간 티켓 자동판매기를 찾는다. 열차는 일반열차인 로칼톡Lokaltog과 급행열차인 플뤼토엣Flytoget 두 가지로, 각각 20분-30분 만에 중앙역에 닿는다. 소요 시간은 약 10분 차이지만, 가격은 93DKK, 180DKK로 두배 정도 차이가 나니 참고하자. 플뤼토엣 열차가 더 자주 운행하며, 이른 아침이나 밤 늦은 시간에는 플뤼토엣만 운행한다. 저가 항공을 이용했을 경우 토르프 공항Torp Airport으로 도착할 수 있다. 시내까지는 비행기 도착 시각에 맞춰 운행하는 버스를 타자.
티켓은 기사에게 직접 구매하며, 중앙역 옆 버스 터미널까지는 약 1시간 35분 소요된다.

WEB 오슬로 공항
     www.avinor.no/en/airport/oslo-airport/
     플뤼토엣
     www.flytoget.no/en/

오슬로 시내교통

오슬로 시내의 교통수단으로는 트램, 버스, 지하철, 택시, 페리 등이 있다. 센트럴에서는 도보로 이동할 수 있지만, 프롱네르, 그뤼네뢰카, 비그되이 지구 등에 갈 때는 대중교통을 이용해야 한다. 버스와 지하철, 트램은 모두 공통 티켓을 이용하며, 5개의 존으로 나뉘어 요금이 차등 적용된다. 티켓은 유효 시간 동안 버스·지하철·트램을 무제한 이용할 수 있는 1회권(1시간 이내)과 24시간권, 1주일권이 있다. 대부분 관광지는 1존 안에 있으며, 1존을 커버하는 1회권(1시간 내 버스·지하철·트램 환승 가능) 가격은 36NOK, 24시간권은 108NOK, 1주일권은 285NOK이다. 티켓은 티켓 자동판매기나 편의점에서 구매 가능하며, 버스기사 한테도 직접 구입가능하지만 운임이 비싸진다. (북유럽 공통 특징)
비그되이 지구에 갈 때는 페리를 이용하는 것이 가장 편리하다. 페리는 시청사 앞에서 출항하며, 요금은 편도 45NOK, 왕복 60NOK다. 오슬로 패스를 이용하면 유효기간 내 대중교통을 무제한 이용할 수 있다.

WEB 오슬로 시내 교통 www.ruter.no
남부 노르웨이 버스 www.nor-way.no
네토버스 www.nettbuss.no
페리 www.hurtigruten.com

Tip. 오슬로 패스 Oslo Pass

비그되이행 페리를 비롯해 오슬로 시내의 모든 대중교통을 이용할 수 있는 시티 패스다. 오슬로 시내의 박물관, 미술관 등 주요 관광지에도 무료로 입장할 수 있다. 온라인 또는 공항과 시내 인포메이션센터 등에서 살 수 있다.
24시간445NOK, 48시간 655NOK, 72시간 820NOK.

WEB www.visitoslo.com

오슬로 패스 무료 입장: 노벨 평화센터, 뭉크 뮤지엄, 아스트루프 펀리 미술관, 아르케후스 성, 프람호 박물관, 홀멘콜렌 스키 타워 등

노르웨이
트롬쇠

TROM SØ

트롬쇠
"오로라 Aurora 관찰을 위한 최적의 도시"

유럽에서 오로라를 관측할 수 있는 곳으로는 스웨덴 북부, 핀란드 북부, 아이슬란드 등지가 있는데, 트롬쇠는 오로라, 일명 노던 라이츠 Northern Lights 를 관측할 수 있는 도시 중에서는 규모가 꽤 큰 편이다. 오로라를 관측하기 위해서는 최소 3~5 일은 머무는 긴 기다림이 필수인데, 트롬쇠에는 아기자기한 카페와 숍, 레스토랑, 뮤지엄까지 골고루 있어 심심치 않게 시간을 보낼 수 있다.

또한 이 도시가 오로라를 보기에 가장 좋은점 중 하나는 "다른 북극권 도시들에 비해 렌트카에 대한 의존도가 낮다"는 점이다. 트롬쇠 시내는 나름대로 큰 관광도시라 크고 작은 버스들로 교통이 연결되어 있다. 여행을 많이 다녀봤다 싶은 사람들은 안다. 렌트카를 빌려 모르는 일행과 여행하는게 얼마나 어렵고 복잡한 일인지와 (-물론 재밌는 일도 있지만) 게다가 이런 자연을 만나면 문득, "오롯이 혼자만의 시간을 갖고 싶다"는 생각이 들게 마련이다. 이런 이유에서 트롬쇠는 최적의 힐링 장소이다

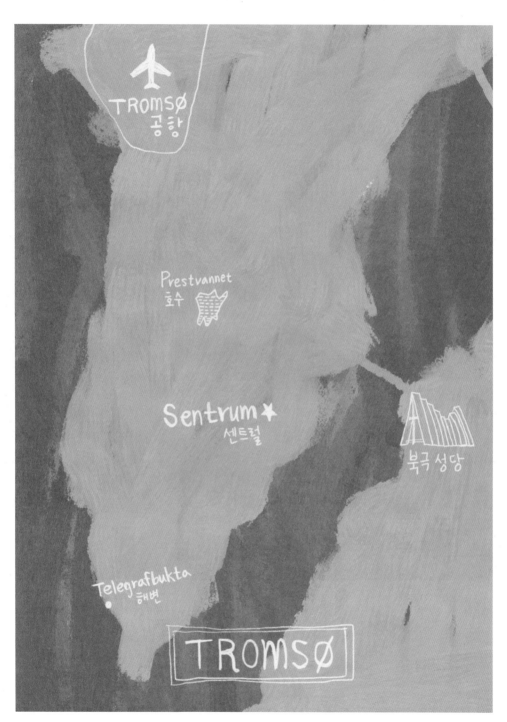

밤하늘의 물결, 오로라 바라보기

트롬쇠를 찾은 가장 큰 목적 오로라 체이스. 오로라 헌팅이라고도 불리는 이 액티비티는 겨울 투어 중 가장 인기 있는 체험이다. 가이드와 함께 버스를 타고 오로라가 가장 잘 나타나는 두세 지역을 돌며 오로라를 좇는 오로라 탐험을 시작해보자.

#오로라 지수 확인하기

투어 신청 전 가장 중요한 것은 투어 당일의 날씨와 오로라 지수를 확인하는 것. (오로라는 오로라 지수가 높고, 구름이 없는 맑은 날씨에 달이 너무 환하지 않아야 볼 확률이 높아진다) 웹사이트나 스마트폰 애플리케이션을 통해 해당 지역의 오로라 지수를 체크할 수 있다. 오로라는 10~4월 날씨가 맑은 날 중에서도 오로라 지수가 3 이상인 날 밤에 관측될 가능성이 높다. 다만, 자연현상이다 보니 오랜 기다림 끝에도 오로라를 보지 못할 확률이 있다는 것을 염두에 두자. 투어 당일 관측을 못했을 경우 다음 날 투어를 50% 할인해주는 등 조건을 확인해본 후 신청하는 것을 추천한다.

Web   www.norway-lights.com
               www.gi.alaska.edu/AuroraForecast/Europe
               어플 오로라 Aurora 나 Northern Light 라고 검색하면 다양한 어플이 나온다

#오로라 체이스 투어 신청하기

트롬쇠 시내에는 오로라 체이스 투어 업체의 사무실이 모여있고, 트롬쇠 관광청에서도 온라인이나 오프라인으로 투어 신청을 할 수 있다. 투어 업체가 워낙 많기 때문에 크리스마스에서 새해로 이어지는 겨울철 극성수기를 제외하고는 자리가 없어 신청하지 못할 일은 거의 없다. 그날의 날씨 예보와 오로라 지수를 살펴보고 바로 신청하는 것을 추천하지만, 머무는 날이 3일 이하로 짧을 경우 미리 예약하는 것을 권한다. 트롬쇠에 머무는 기간이 길 경우 그 기간동안 매일 투어를 할 수 있는 7일이나 5일 오로라패스를 구입하는 것도 가성비 팁. 투어 가격은 대략 900~1500NOK 정도로 방한복, 삼

각대, 고화질 사진 촬영 제공 여부와 캠프파이어 유무, 시간대 등에 따라 다양하다. 오래 야외에 머물러야 하므로 두꺼운 옷과 장갑, 방한 부츠, 아이젠, 핫팩, 간식 등은 필수로 준비하는 것이 좋다. 투어는 보통 트롬쇠 센트럴에서 오후 6시 30분 ~8시 30분 사이에 집합한 뒤 다음 날 오전 1~2시에 해산하는 일정이다. 날씨로 인한 투어 취소나 날짜 변경 시 이메일로 연락을 주니 이메일 주소를 정확하게 적는다.
투어는 대부분 영어로 진행된다.
(단순한 과정으로 진행되어서 아주 어려운 영어회화가 필수는 아니다.)

Tip.
오로라 사진을 잘 찍기 위해서는 최소한 화질좋은 미러리스 카메라나 DSLR 그리고 삼각대가 있어야한다.
Web visittromso.no

Tip. 트롬쇠 시즌별 액티비티

트롬쇠에는 계절을 더욱 풍성하게 하는 액티비티가 다양하다. 겨울에는 개 썰매와 순록 썰매, 사미족 캠프, 얼음 낚시 등을 즐길 수 있으며, 여름에는 바다에서 백야 체험, 카약, 요트 투어, 바다 낚시 등을 즐길 수 있다. 피오르 투어와 고래 투어는 계절과 상관 없이 진행 가능하지만, 고래 투어는 월별 스케줄 확인이 필요하다

MORE. 숨겨진 해변, 텔레그라프북따 Telegrafbukta

여행자들에게는 많이 알려지지 않은 트롬쇠의 해변이다. 트롬쇠 센트럴에서는 꽤 떨어져 있으나, 아주 광활한 풍경이 펼쳐져 멀찍이 떨어져 있는 섬들과 피요르를 천천히 감상할 수 있다. 또한, 밤에는 아는 사람들만 아는 오로라 헌팅 장소이기도 하다. 오로라 지수가 높고 날이 깨끗하다면 이곳에서 오로라를 관찰할 수도 있다.

트롬쇠 남부

Access   트롬쇠 시내에서 버스33•40번 탑승 후 15분 소요
Add   Unnamed Road 9006, 9006 Tromsø

Signature Tromsø

트롬쇠에머무는 동안 꼭 봐야 할 곳들. 트롬쇠의 시그니처 플레이스를 모두 둘러보면
그제야 북노르웨이가 어떤 곳인지 감이 온다. 하얀 밤, 하얀 눈의 도시 트롬쇠를 누려보자.

트롬쇠의 랜드마크,
북극 성당 Ishavskatedralen

센트럴의 다리 건너편, 빙하를 닮은 하얀 성당이다. 여름에는 저녁마다 오르간 연주회가 열리고 겨울밤에는 오로라를 닮은 불빛이 성당을 밝힌다. 무엇보다 실내의 스테인드글라스가 특히 유명한데, 내부는 입장료를 내고 둘러볼 수 있다. 예배나 장례식 등 행사 진행 시 출입을 통제하는 경우도 있으니 참고하자.

북극 성당은 트롬쇠 센트럴의 건너편에 있어 도보 혹은 버스로 다리를 건너가야 한다. 성당을 지나 위쪽으로 더 올라가면 케이블카(Fjellstua / 10:00~23:00, 320NOK)를 타고 트롬쇠를 한눈에 내려다볼 수 있는데, 운이 좋다면 이곳 전망대에서 트롬쇠의 야경과 함께 오로라를 영접할 수도 있다.

트롬스달 Tromsdalen

Access	트롬쇠 시내에서 버스20•24•26•28•100번 탑승 후 15분 소요
Add	Hans Nilsensvei 41, 9020 Tromsdalen
Open	여름철 09:00~19:00, 겨울철 13:00~18:00/부정기 휴무
	(시즌마다 다름, 홈페이지 참고)
Cost	55NOK
Web	www.ishavskatedralen.no

북극의 아름다운 도서관,
트롬쇠 도서관 Tromsø City Library

트롬쇠 시민들의 휴식처인 지역 도서관. 독특한 건축물 외관과 내부 인테리어에서 북유럽의 디자인 색채가 강하게 묻어나는 트롬쇠의 시그니처 건물이다. 매 시즌 독특한 데코레이션으로 건물 곳곳을 아름답게 꾸민다. 북극권의 대학교 중에서는 가장 큰 트롬쇠 대학교 학생들이 공부하는 모습을 들여다볼 수 있으며, 세련된 감각의 그림책들이 많아 여행자가 둘러보기에도 좋다. 도서관 한 켠에 자리를 잡고 다음 날 여행 계획을 세워보는 것도 색다른 여행법이 될 것이다.

센트럴

Access	트롬쇠 인포메이션 센터에서 도보 5분
Add	Grønnegata 94, 9008 Tromsø
Open	09:00~19:00(금 ~16:00, 토 11:00~15:00, 일 휴무)
Web	www.tromso.kommune.no

북극 동식물 집합소, 폴라리아 Polaria

마치 도미노가 겹겹이 쓰러져 있는 듯한 특이한 이 아쿠아리움에서는 북극의 동식물을 만나볼 수 있다. 펭귄과 물개처럼 귀엽고 애교 많은 해양 생물들을 관찰하고 직접 교감을 나눌 수 있어 아이들에게 특히 인기. 하루 2 번(12:30, 15:30, 시즌에 따라 변동 가능) 물개에게 직접 먹이를 주는 이벤트도 진행한다. 내부의 기념품 숍에서는 아이들을 겨냥한 북극 동물 인형들과 성인들까지도 혹하게 하는 귀여운 디자인 제품이 다양해 기념품 구매에 좋다.

센트럴

Access	트롬쇠 인포메이션 센터에서 도보 10분
Add	Hjalmar Johansens gate 12, 9296 Tromsø
Open	10:00~17:00 (노르웨이 휴일에는단축 영업)
Cost	210NOK(5인 가족권525NOK)
Web	www.polaria.no

트롬쇠의 소소한 볼거리

트롬쇠에서라면 마냥 오로라를 기다리는 일이 지루하지만은 않다. 기나긴 기다림을 채워줄 소소한 볼거리들이 많기 때문이다. 오랜 역사의 성당부터 흥미진진한 박물관까지 트롬쇠의 과거와 현재를 동시에 만나보자.

북노르웨이 미술관
Nordnorsk Kunstmuseum

노르웨이의 감성으로 채워진 미술관. 노르웨이의 유명 화가인 뭉크의 그림을 비롯해 신진 작가들의 기획전도 함께 전시해 북유럽 감성의 예술 작품에 한층 가까워질 수 있다. 규모는 그리 크지 않지만 전시내용이 알차니 오로라를 기다리는 낮에 한 번쯤 들러보는 것도 좋다.

센트럴

Access	트롬쇠 인포메이션 센터에서 도보 5분
Add	Sjøgata 1, 9008 Tromsø
Open	10:00~17:00(목~20:00)/부정기 휴무(홈페이지 참고)
Cost	80NOK
Web	www.nnkm.no

트롬쇠 성당
Tromsø Domkirke

트롬쇠의 등대와도 같은 건물. 1800년대에 나무로 지어진 오래된 성당이지만, 이정표처럼 우뚝 솟아 트롬쇠 시내를 오가며 자주 마주치게 된다. 트롬쇠 성당의 하이라이트는 성당 앞 스테인드글라스. 노르웨이의 유명 조각가인 구스타브 비겔란이 디자인한 것으로, 어두운 극야 때도 트롬쇠를 화려하게 빛낸다.

센트럴

Access	트롬쇠인포메이션 센터에서 도보 5분
Add	Kirkegata7, 9008 Tromsø
Open	일 11:00~12:00(오픈 및 휴무는 시즌별로 다름, 홈페이지 참고)
Web	www.kirken.tromso.no

폴라 박물관 Polarmuseet i Tromsø

트롬쇠의 대학교(UiT the Arctic University of Norway)에서 운영하는 박물관으로, 북극의 다양한 생활상을 보존 및 재현해 놓았다. 1800년대 지어진 붉은 건물과 크고 작은 배들이 떠 있는 바닷가 풍경의 조화가 아름다운 곳. 건물 앞 조각상의 주인공은 유명한 북극탐험가 아문센이다.

센트럴

Access	트롬쇠 인포메이션 센터에서 도보 10분
Add	Søndre Tollbodgate 11B, 9008 Tromsø
Open	09:00~17:00/ 시즌별로 다름(홈페이지 참고)
Cost	100NOK
Web	www.uit.no

트롬쇠 현대미술관
Tromsø Kunstforening

북노르웨이의 전통식 건물에 자리한 아름다운 현대미술관이다. 규모는 작지만 세련된 전시를 선보이며, 내부 분위기 또한 멋스럽다. 잠깐씩 들러 예술적인 영감을 받기에 좋은 공간이니 현대미술에 조예가 있다면 꼭 들러볼 것. 입장료가 따로 없다는 것도 장점이며, 내부의 카페는 안락하고 따스한 분위기다.

센트럴

Access	트롬쇠인포메이션 센터에서 도보 5분
Add	Muségata 2, 9008 Tromsø
Open	12:00~17:00/월•화 휴무
Web	www.tromsokunstforening.no

퍼스펙티브 박물관
Perspektivet Museum

트롬쇠를 본격적으로 탐방하기 전, 이 도시의 전통과 역사를 살펴볼 수 있는 박물관이다. 북노르웨이의 역사를 담은 사진들을 통해 그들의 문화를 이해할 수 있는 기회. 노르웨이의 소수 민족 중 하나인 사미족의 생활상과 특징을 잘 소개해 놓았다.

센트럴

Access	트롬쇠 인포메이션 센터에서 도보 10분
Add	Storgata 95, 9008 Tromsø
Open	10:00~16:00(토-일 11:00~17:00)/월 휴무, 휴일은 시즌마다 다름(홈페이지 참고)
Cost	50NOK
Web	www.perspektivet.no

Shopping in Tromsø

눈과 빙산으로 뒤덮인 북노르웨이에서는 최대 규모로 꼽히는 도시 트롬쇠.
기념품을 비롯한 북극의 감성을 지닌 소소한 쇼핑거리가 적지 않으니 빠트리지 말고 둘러보자.

눈의 요정들이 살 것만 같은,
트롬쇠 선물& 기념품 숍
Tromsø Gift &Souvenir Shop AS

트롬쇠 센트럴에서도 유독 눈에 띄는 예쁜 가게다. 노르웨이를 상징하는 물건들로 쇼윈도를 가득 꾸며놓았다. 방대한 아이템을 보유하고 있는 기념품 숍인 만큼 간단한 선물과 기념품을 구매하기에 좋다. 단, 트롬쇠 센트럴에는 비슷한 기념품 숍이 아주 많으므로 비슷한 아이템이라면 여러 가게의 가격을 비교해보고 구매하는 것이 좋다.

트롬쇠 최대 쇼핑몰,
네스트란다 쇼핑몰 Nerstranda

트롬쇠 센트럴에 자리한 크지않은 쇼핑몰이다. 플라잉 타이거 코펜하겐과 주방용품 매장, 의류 매장, 레스토랑 등이 모여 있는 이곳은 현지인들의 대표적인 쇼핑 장소이자 휴식 공간이다. 오슬로나 다른 대도시에서 쇼핑하지 못했거나, 급하게 물건을 구해야 한다면 추천한다. 평일 영업시간이 긴 편이라 센터의 레스토랑에서 늦은 저녁 식사를 즐기는 것도 좋으며, 센터의 화장실도 무료로 이용 할 수 있다.

센트럴
Access	트롬쇠 인포메이션 센터에서 도보 5분
Add	Strandgata 36, 9008 Tromsø
Open	09:30~19:00(일12:00~18:00)
Web	www.tgss.no

센트럴
Access	트롬쇠 인포메이션 센터에서 도보 5분
Add	Strandgata 9, 9008 Tromsø
Open	09:00~20:00(토 10:00~18:00)/일 휴무
Web	www.alti.no

펠트 장인들의 가게,
후스플리든 트롬쇠 Husfliden Tromsø AS

공예품 전문 매장. 방한용품의 종류가 많으며, 담요나 실내용 슬리퍼 등 전형적인 노르딕 디자인 제품을 다양하게 판매한다. 펠트나 나무 공예품 등 공들여 만든 제품들은 구경하는 재미를 더하고, 작은 버터나이프나 티스푼 등 선물용으로 좋은 제품들도 찾아볼 수 있다.

센트럴

Access	트롬쇠 인포메이션 센터에서 도보 5분
Add	Sjøgata 4, 9008 Tromsø
Open	10:00~16:30(목~18:00, 토~15:00)/일 휴무
Web	www.norskflid.no

트롬쇠 할머니들이 짜준 니트웨어,
포스틀루디움 Postludium

빈티지 제품부터 새 상품까지 다양한 홈 굿즈를 판매하는 세컨핸드 인테리어 숍이다. 빈티지 조명을 이용해 감각적으로 꾸며놓은 내부의 진열은 다소 산만한 듯하지만, 곳곳에 눈길을 사로잡는 예쁘고 귀여운 아이템이 가득하다. 할머니들이 직접 짜서 내놓은 니트 양말과 스웨터는 이곳 최고의 기념품. 따스한 색감만큼이나 따뜻해 선물로도 많이 구매한다. 이 곳에서 구입한 두터운 니트 양말은 발시린 오로라 투어때 정말 요긴하게 쓰였다.

센트럴

Access	트롬쇠 인포메이션 센터에서 도보 5분
Add	Skippergata 4, 9008 Tromsø
Open	10:00~16:30(토 ~16:00)/일 휴무

커피 맛이 끝내줘요,
위키드 커피 Wicked Coffee

북극권 도시에서는 커피가 선택이 아닌 필수! 어두운 겨울밤에는 기나긴 어둠을 달랠 친구로,
새하얀 여름밤에는 밝은 기운에 밤잠 이루지 못한 피로를 풀어줄 각성제로 커피가 꼭 필요하다.
이런 현지인들의 발길이 끊이지 않는 커피 맛집을 모아 소개한다.

인생 시나몬롤과 커피,
리소 푸드 & 커피숍 Risø Food & Coffee Shop

커피와 떼려야 뗄 수 없는 트롬쇠 현지인들이 '트롬쇠 최고의 카페'로 단번에 꼽는 카페다. 커피와 빵, 케이크, 간단한 식사류까지 없는 게 없다. 실력에 친절함까지 겸비한 바리스타들이 진한 드립커피와 깊은 라테를 선보인다.
또한 촉촉하고 차진 노르웨이 최고의 시나몬 롤까지 함께 곁들이면 금상첨화다.

센트럴

Access 　트롬쇠 인포메이션 센터에서 도보 5분
Add 　　Strandgata 32, 9008 Tromsø
Open 　 08:00~16:00(금~17:00, 토 09:00~17:00)/일 휴무
Web 　　www.risoe-mk.no

트롬쇠 로컬 카페,
카페뵈나 Kaffebønna

그리 크지 않은 트롬쇠 시내에 4개나 지점을 둔 대표 카페로, 편안한 좌석과 널찍한 배치 덕에 노트북으로 작업을 하거나 책을 읽고 공부하는 사람, 오가는 대화와 웃음으로 화기애애한 사람들까지. 다양한 현지인들이 모여드는 편안한 로컬 카페다.

센트럴

Access   트롬쇠 인포메이션 센터에서 도보 7분
Add   Strandtorget 1, 9008 Tromsø
Open   07:30~18:00(토 09:00~, 일 10:00~)
Web   www.kaffebonna.no

트롬쇠에서 가장 아늑한 커피,
스베메리 카페 & 리디자인 Svermeri Kafe og Redesign

센트럴에서 약간 벗어난 지역이지만, 트롬쇠에서 가장 평온하고 특색있는 카페로 현지인의 사랑을 듬뿍 받는 곳이다. 커피도 맛있지만, 수프와 시나몬 롤이 특히 유명하다. 빈티지 제품을 수리하고 판매하던 오너가 가게를 확장해 오픈한 카페라 곳곳에 멋스러운 빈티지 가구와 소품이 전시되어 있다.

센트럴

Access	트롬쇠 인포메이션 센터에서 도보 15분
Add	Skippergata 2, 9008 Tromsø
Open	11:00~16:00(일 12:00~16:00)

북쪽의 파리, 트롬쇠 맛집

트롬쇠의 시내는 작아도 레스토랑과 카페, 펍, 바 등 먹을 곳은 넘쳐난다. 하지만 물가 비싸기로 유명한 노르웨이의 관광도시이다 보니 밥 한 끼 사먹기 망설여지는 것도 사실. 이럴 때는 편의점과 카페 등에서 식비를 절약할 수 있다.

목재 건물 레스토랑에서 따뜻한 한끼,
발더스 비스트로 Bardus Bistro

트롬쇠에서 알아주는 유명한 레스토랑 겸 바이다. 트롬쇠 도서관 앞에 자리한 이곳에서는 비교적 저렴한 가격에 캐주얼한 전통 노르웨이 다이닝을 선보인다. 편한 메뉴인 햄버거, 립, 샌드위치부터 순록 스테이크, 대구 요리 등 색다른 지역특산물까지 두루 갖췄다. 가격은 런치는 요리당 대략 150-200NOK, 메인요리는 350NOK 정도이다. 칵테일도 훌륭하고, 맥주 중에서는 노르웨이의 막 브루어리 MackBrewery에서 만든 지역 맥주를 추천한다. 붐비는 시간대에 방문한다면 예약은 필수.

센트럴
Access	트롬쇠 인포메이션 센터에서 도보 5분
Add	Cora Sandels gate 4, 9008 Tromsø
Open	11:00~22:00(토12:00~)/월·일휴무
Web	www.bardus.no

신선한 산지 연어 초밥,
로 스시 Raw Sushi & Bar

트롬쇠 북쪽 시내와 네스트란다 쇼핑몰에 자리한 스시 레스토랑이다. 여행중 쌀밥이 그리워질 때쯤 찾을만한 가게다. 한국에서의 든든한 포만감을 느끼고 싶다면 초밥 한 접시(280NOK~)를 테이크아웃해서 컵라면과 함께 맛보자. 슈퍼마켓이나 마트에서 노르웨이의 국민 컵라면 미스터리Mr.Lee 컵라면을 쉽게 찾을 수 있다.

센트럴
Access	트롬쇠 인포메이션 센터에서 도보 5분
Add	Stortoget 1,9008 Tromsø
Open	15:00~21:00(금·토 ~22:00)
Web	www.raasushi.no

트롬쇠 파인다이닝,
아겐투레 비스트로 Agenturet Bistro

고급스러운 노르딕 음식을 맛볼 수 있는 파인다이닝 레스토랑이다. 분위기를 내고 싶은 저녁이나 여행 마지막 날을 뜻깊게 보내고 싶을 때 들르면 적합하다. 밤에는 편안하게 술을 즐기기에도 좋다. 가격이 비싼 편이지만, 음식은 만족스럽다. 특히 북유럽에서만 맛볼 수 있는 순록고기를 부드럽게 조리해 유명한 곳이다. 저녁 식사 시간이나 주말에는 예약하고 찾을 것을 권한다.

센트럴
Access	트롬쇠 인포메이션 센터에서 도보 5분
Add	Sjøgata 12, 9008 Tromsø
Open	18:00~22:00 /일·월 휴무
Cost	메인 요리약 255NOK
Web	www.agentur1.no

빨간지붕의 피자집,
요나스 피자 Yonas Pizzeria

트롬쇠의 대표 피제리아다. 노르웨이 전역에 체인점을 둔 페페스 피자 Peppe's Pizza 와 함께 트롬쇠의 손꼽히는 피자집이다. 거대한 빨간색의 건물은 외관부터 큼직큼직한데, 내부역시 널찍해 여럿이 함께 가도 좋다. 페퍼로니, 마르게리타, 나폴리 등 우리에게 익숙한 피자도 있다. 큰 규모답게 긴 영업시간이 매력적이라 하루 일정후 '피맥'(피자+맥주)을 즐기기에도 아주 좋은 곳!

센트럴
Access	트롬쇠 인포메이션 센터에서 도보 5분
Add	Sjøgata 7, 9259 Tromsø
Open	11:00~23:00
Web	www.radissonhotels.com

트롬쇠 센트럴에는 다양한 체인 호텔이 있고, 도시 전역에는 B&B(Bed & Breakfast)가 많다. B&B는 가족적인 분위기가 특징으로, 일부 오로라 투어를 제공하는 곳도 있어 인기다. 하지만 방의 개수가 적고, 교통이 좋은 곳은 예약이 빠르게 마감되므로 다양하게 비교해 보고 서둘러 예약하는 것이 좋다. 오로라 체이스 투어가 새벽 시간에야 끝나므로, 웬만하면 가격이 비싸도 센트럴에 위치한 숙소에 묵는 것이 편하다. 그리고 에어비앤비는 곳에 따라 공항 픽업을 해주는 곳도 있으니 예약시 참고하자.

가성비 최고의 저가호텔,
스마트 호텔 Smarthotel Tromsø

트롬쇠 센트럴에 자리한 호텔 중 비교적 저렴하고 깔끔한 체인 호텔이다. 성수기를 제외하고는 저렴하게 묵을 수 있는 가격이 가장 큰 매력 요인이다. 호스텔처럼 공용샤워실을 사용하지 않아도 되고, 방의 크기도 적당해 부담 없이 머무르기 좋다. 로비에는 작은 스낵바가 있다.

센트럴
Access   트롬쇠 인포메이션 센터에서 도보 7분
Add   Vestregata 6, 9008 Tromsø
Cost   800NOK~
Web   www.smarthotel.no

트롬쇠에서 살아보기,
엔터 시티 호텔 Enter City Hotel

시내의 메인 블록에 있는 중저가의 아파트먼트형 호텔이다. 요리가 가능한 주방이 있고, 주차도 가능하다. 일반 호텔에 비하면 공간도 넓고 요리가 가능해서, 장기여행자, 렌터카 여행자나 인원이 많은 여행자에게 추천하는 숙소다.
호텔가격비교 사이트를 통해 예약한다.

센트럴
Access   트롬쇠 인포메이션 센터에서 도보 5분
Add   Grønnegata 48, 9008 Tromsø
Cost   900NOK~
Web   www.entertromso.no

트롬쇠 교통
유럽에서 트롬쇠로 이동하기

트롬쇠는 오슬로나 베르겐에서 항공편으로 닿는다. 트롬쇠까지는 노르웨이에어 셔틀Norwegian Air Shuttle, 비데뢰 항공Wideroe, 스칸디나비안 항공 SAS 등이 운항하며, 유럽 어느 도시에서 출발하더라도 오슬로나 베르겐을 경유해야 한다. 참고로 오슬로에서 트롬쇠까지 기차와 버스로 이동한다면 최소 5번은 경유해야 하며, 꼬박 하루 이상의 시간이 소요되므로 고려하지 않는 것이 좋다. 노르웨이 북부 로포텐 제도나 나르빅 등을 함께 여행할 계획이라면 렌터카를 대여하는 것도 고려해보자.

트롬쇠 시내 들어가기

트롬쇠 랑그네스Langnes공항에서 시내까지는 공항버스 혹은 일반 버스로 이동할 수 있다. 공항의 규모가 작은 편이라 출입구로 나오면 바로 버스 정류장이 나오는데, 이곳에서 공항버스 플뤼부센Flybussen을 탑승한다. 요금은 편도 기준 120NOK로 버스 기사에게 직접 지불하면 된다. 왕복 티켓(returnticket)을 구매하거나 아래 플뤼부센 홈페이지에서 구입할 경우 약간의 할인을 받을 수 있다. 시내까지의 소요시간은 약 20분이며, 대형 호텔에 묵는 경우 호텔 바로 앞에 세워주기도 한다.

일반 버스는 공항에서 나와 공영주차장을 지나 맞은 편에 위치한 정류장에서 탑승한다. 42번 버스(Sentrum방향)를 타면 트롬쇠 시내까지 약 40분 소요된다. 요금은 1시간 동안 환승 가능한 1회권에 50NOK.그러나 짐을 보관할 공간이 따로 없는 일반 버스이므로 짐이 많다면 공항버스 탑승을 추천한다. 공항에서 버스티켓은Point라는 편의점에서도 구입가능하다. 일행이 3명 내외이면 택시도 추천한다.(약 300NOK)

플뤼부센　　www.flybussen.no

트롬쇠 시내교통

트롬쇠 센트럴은 도보로 이동 가능하지만, 북극성당이 있는 본섬 맞은편 섬에 갈 때는 대중교통 이용을 추천한다. 티켓은 버스 기사에게 현금으로 구매 시 50NOK, 편의점 나베센Narvesen 등에서 구매 시 약 32NOK다. 애플리케이션을 통해 구매할 수도 있는데, 이때는 탑승 시 애플리케이션 티켓 화면을 보여주기만 하면 된다.

구글 맵스에서는 트롬쇠의 교통 및 길찾기 기능을 지원하지 않는다. 길을 찾거나 버스에 탑승할 때는 스마트폰 애플리케이션 트롬스라이스Troms Reise를 이용하자.

스마트폰 어플　Troms Billett
트롬쇠 교통　www.tromskortet.no

스웨덴
스톡홀름

STOCKHOLM

스톡홀름

"패셔니스타 홀리는 낭만 도시 여행"

스칸디나비아에서 가장 규모가 큰 대도시 스톡홀름. 북유럽의 지리적 중심지 역할을 하는 덩치 큰 도시로 14개의 큰 섬을 주축으로 이루어진 수상 도시다. 크고 작은 섬들이 1200여 개가 넘는다고 하는데, 도심을 둘러싼 반짝반짝 바닷물이 매우 로맨틱한 풍경을 자아낸다. 섬의 수만큼이나 다리도 아주 많아서 하루에도 몇 번씩 너울대는 바다 위 다리를 지나게 되는 환상 같은 도시다. 섬마다 동네마다 확연히 달라지는 풍경도 또 다른 재미를 안겨준다.

여기저기 걷다 보면 스톡홀름에는 유난히 미남미녀가 넘쳐난다는 사실을 알수있다(실제로 스웨덴은 패션모델 배출율이 아주 높은 나라라고 전해진다). 전 세계적으로 유명한 H&M과 COS, 아크네스튜디오Acne Studio,아워레가시Our Legacy등 핫하다는 패션 브랜드를 배출한 나라답게 시크하고 감각적인 패션 센스로 중무장해서일까. 차가운 인상을 풍기는 도시 멋쟁이들이지만, 막상 말을 걸면 아주 친절하다. 저렴한 스파 브랜드부터 하이패션 브랜드까지, 스칸디나비안 트렌드를 세계로 전파 중인 자타 공인 스타일리쉬 패션 시티 스톡홀름!

또한 아기자기한 것들을 사랑하고, 전통 공예품을 소중히 여기는 인간적인 도시이기도 하다. 다양한 문화와 색깔을 존중한 덕분일까. 이케아, 아크네 스튜디오, H&M, 볼보, 핫셀블라드, 앱솔루트 보드카 등 그들의 빼어난 디자인은 생각보다 우리 삶에 깊이 들어와 있다. 큰 욕심 없이 과하지도 않고 부족하지도 않은 적당함을 추구하는 스웨덴의 '라곰Lagom' 정신을 따라 현재를 살아가는 스웨덴식 라이프스타일을 좇아보자.

Lidingö

• Millesgården

Vasastan

노르말름

Östermalm

FILMHUSET

KA FILMINSTITUTET

센트럴

NK

Kungs
-holmen

★ 중앙역
Sthlm. Centralstation

시청

감라스탄

• Moderna
Museet

Djurgården
유고르덴

★ 슬루센
Slussen

Södermalm
쇠데르말름

Gustavsberg ▶
구스타브스베리

STOCKHOLM

#1 마음의 평화를 찾아, 스웨덴식 가드닝

보물같은 가든과 카페,
로젠달 트레드고르드 Rosendals Trädgård

시내에서 트램으로 15분만 움직이면 만날 수 있는 아름다운 스웨덴식 정원이다. 로젠달 성 옆에 자리한 한적하고 드넓은 정원으로, 과거에는 왕실정원으로 쓰였던 곳이지만 자연적으로 가꾸는 정원 운영방식 때문인지 정원이라기 보다는 작은 숲에 온 듯한 공간이다. 게다가 피크닉과 산책 등을 허용해 자유로운 분위기이며, 근처에 바다를 두고있어 상쾌한 바람이 불어오는 기분 좋은 곳. 화려하지는 않지만 운이 좋다면 정원을 뛰노는 사슴을 마주칠 수도 있을 만큼 자연친화적이다. 많은 스웨덴인들이 취미로 즐기는 가드닝 용품을 판매하는 숍과 포근하고 아늑한 카페를 운영하고 있어 현지인들도 평일, 주말을 가리지않고 휴식을 즐기러 가는 스톡홀름의 보석같은 곳이다.

유고르덴 섬
Access   중앙역에서 트램7번 탑승 후 약 20분 소요
Add   Rosendalsvägen 38, 115 21 Stockholm
Open   11:00~16:00
Web   www.rosendalstradgard.se

#2 독서강국 스웨덴의 유별난 책사랑

현지인들이 사랑하는 책의 공간!
스톡홀름 시립도서관 Stockholms Stadsbibliotek

독서를 즐기는 스톡홀름 시민들이 사랑하는 공공도서관이다. 서가 가득 꽂힌 책으로 둘러싸인 메인홀이 아름답기로 유명한 이 곳에서는 오롯이 책들이 주인공이다.책과 공간이 잘 어우러지는 실용적이면서 우아한 북유럽식 공간으로서가의 이름표, 열람실의 조명, 천장의 무늬까지 무난하지만 고풍스러움을 간직한, 허투루 만들어진데가 없는 도서관이다. 1층에서 올려다보는 느낌과 2층에서 바라보는 느낌이 사뭇 다르다. 사진만 찍고 떠나기에는 아쉬운 마음이 들어 괜히 책을 뒤적거리곤 했던 매력적인 장소다. <죽기전에 봐야할 건축물 1001>이라는 책에도 이름을 올리고 있다.

바사스탄
Access   중앙역에서 버스 57번 탑승 후 12분 소요
Add   Sveavägen 73, 113 50 Stockholm
Open   10:00~19:00(토 12:00~16:00)/일·공휴일 휴무
Cost   무료, 화장실 유료
Web   www.biblioteket.stockholm.se

#3 스톡홀름의 노른자, 감라스탄 Gamla Stan

감라스탄은 단순히 말하자면 왕궁과 연결된 스톡홀름의 구시가지다. 하지만, 이 감라스탄을 빼놓고 스톡홀름을 논한다는 것은 불가능한 일! 현지인과 관광객이 한데 뒤섞이는 매력적인 곳이고, 올드와 뉴가 만나는 스톡홀름의 대표 관광명소이다. 오래된 건물 사이사이 새롭게 단장하는 가게들도 많고, 크고 작은 볼거리와 먹을거리가 골목골목 넘쳐나는 흥미로운 올드타운이다.

스톡홀름 올드타운의 중심, 감라스탄 광장 Gamla Stan (Stortorget)

스토-토이옛Stortorget이라고도 불리는 감라스탄 광장은 스톡홀름에 왔다면 꼭 기념사진을 남겨야 하는 알록달록한 건물 배경으로 유명하다. 화사한 건물과 색다른 기념품 숍들, 크고 작은 카페와 레스토랑이 많아 둘러보는 재미가 충분한 곳. 좁은 골목마다 배어있는 고즈넉한 분위기가 매력적이다. 하지만 500여년 전, 100여명의 스웨덴의 귀족과 국민들이 덴마크의 군인들에게 죽임당한 '스톡홀름 대학살'의 아픈 기억을 가진 곳이기도 하다.

감라스탄
Access 중앙역에서 도보 15분
Add Stortorget, 111 29 Stockholm
Web www.stortorgetsjulmarknad.com

MORE. 스톡홀름의 크리스마스 Christmas in Stockholm

스톡홀름의 크리스마스 정취를 만끽하고 싶다면, 망설일 필요 없이 감라스탄이 정답이다. 감라스탄 광장 스토-토이옛에서는 11월 말부터 크리스마스 연휴 직전까지 아기자기한 크리스마스 마켓이 열린다 (11:00~18:00). 마켓 부스마다 시나몬롤, 소시지 등의 간식거리나 뮬드 와인(뱅쇼), 기념품 등을 판매하며, 북적북적하고 들뜬 연휴 분위기가 새어나오는동화같은 낭만적인 분위기가 펼쳐진다.

#4 it Area 구석구석 보물 찾듯 동네 한 바퀴,
소포 SoFo 지구

소포지구란 쇠데르말름 섬 내의 폴쿵아가탄거리 남쪽 South of Folkungagatan(SoFo) 지역을 가리킨다. 젊은이들이 많이 찾는 곳으로, 아기자기한 숍과 세련된 카페들이 가득해 소소한 재미가 있는 곳. 다만, 가게들이 큰 지역에 군데군데 퍼져있어 산책하는 마음으로 둘러보는 여유가 필요하다.

예쁜 수제 캐러멜 가게,
팔란스 Pärlans

레트로스러운 분위기가 아름다운 수제 캐러멜 숍. '진주Pearl'라는 뜻의 가게다. 가게에서 캐러멜을 직접 만들어 판매하는데, 오픈 키친을 통해 캐러멜 캔디를 직접 만들어내는 과정을 볼 수 있어 나름 신기한 체험이다. 깊고 진한 풍미에 종류별로 맛도 다양해 골라 먹는 재미가 있다. 특히 솔티드 캐러멜과 시기별로 판매하는 시즌 캐러멜의 인기가 좋으며, 디저트 박스로 판매하는 선물 세트는 포장이 고급스러우면서 예뻐 선물용으로 아주 좋다. 영국에서 온 친구의 말을 빌리자면, 자신의 '인생 캐러멜'이라고 할 만큼 진득한 풍미가 일품이다. 참고로 캐러멜 하나 가격은 약 10SEK. 우리나라 돈으로 1300원 정도다.

쇠데르말름

Access 중앙역에서 지하철 17•18•19번탑승 후 15분 소요
Add Nytorgsgatan 38, 116 40 Stockholm
Open 11:00~18:00(토 ~17:00, 일 12:00~16:00)
Web www.parlanskonfektyr.se

내 방 벽에 붙이고 싶은 잡지들,
페이퍼컷 Papercut

매거진과 예술 서적에 특화된 서점이다. 이곳에서 보유한 유럽의 매거진만 몇 백권에 달한다. 북유럽에서만 살 수 있는 예술과 인테리어 잡지는 무게가 꽤 나가지만, 전시용이나기념용으로 희소성이 있어 후회하지 않을 선택이다. 현지의 예술계 종사자들이 즐겨 찾는 인기 서점이니 관심이 있다면 찬찬히 둘러볼 것을 추천한다.

쇠데르말름
Access 중앙역에서 지하철 13•14번 탑승 후
        15분 소요
Add   Krukmakargatan 24, 118 51 Stockholm
Open   11:00~18:30
        (토 ~17:00, 일 12:00~16:00)
Web   www.papercutshop.se

아트북 마니아를 위한 공간,
콘스트이그 Konst-ig

디자인 및 아트북을 판매하는 예술 서적 전문 서점. 깔끔한 내부 디자인에서 이 서점만의 아이덴티티가 드러난다.예쁜 표지의 책들이 많아 소유욕을 불러일으키는데, 예술서적을 다양하게 구비해 놓아 여유롭게 열람할 수도 있다. 또한 북유럽의 다양한 아티스트들을 직접 만난 것처럼 실험적이고 생생한 서적들도 많다. 사진촬영불가는 아니지만 서점 내부에서는 문의 후 촬영하는 것을 권한다.

쇠데르말름
Access 중앙역에서 지하철 17•18•19번탑승 후
        15분 소요
Add   Åsögatan 124A, 116 24 Stockholm
Open   11:00~18:00(토 12:00~16:00)/일휴무
Web   www.konstig.se

오래된 사진들과 사진집,
스톡홀름 포토안틱바리아 Stockholms Fotoantikvariat

사진과 포토북을 위한 작은 뮤지엄이자 서점이다. 오래된 빈티지포토북을 전시•판매하는데, 귀한 앤티크 사진집도 취급하는 특별한 가게다. 희소성 때문에 포토북의 가격은 꽤 비싸지만, 유명 작가의 도록 등도 다양하게 구비하고 있으니 사진에 관심이 있다면 영감을 가득 받아가도 좋겠다. 빈티지 포토북 취급점이라 책 곳곳에 과거 스톡홀름을 구경하는 재미도 쏠쏠하다.

쇠데르말름
Access   중앙역에서 지하철 17•18•19번탑승 후 15분 소요
Add   TorkelKnutssonsgatan 31, 118 49 Stockholm
Open   12:00~18:00(수~17:00, 토 ~15:00)/일-월•부정기 휴무
Web   www.fotoantikvariat.se

잇 카페,
일 카페 ilcaffè

센트럴에도 지점이 있는 체인 카페지만, 쇠데르말름 지점의 분위기가 가장 좋다. 좌석이 많은 편인데도 늘 손님들로 가득한 스톡홀름의 인기 카페. 카페와 함께 작은 빵집, 꽃집이 연결되는 특색 있는 공간을 꾸렸는데, 인증숏을 담아가기에 딱 좋은 비주얼이다. 시나몬 롤과 같은 빵 종류도 훌륭하니 커피와 함께 맛보는 것을 추천!

쇠데르말름
Access   중앙역에서 지하철 17•18•19번탑승 후 15분 소요
Add   Södermannagatan 23, 116 40 Stockholm
Open   07:00~18:00(토•일 09:00~18:00)
Web   www.ilcaffe.se

바다 위 수많은 섬으로 이루어진 스톡홀름의 로맨틱한 시티 뷰는 특히 화창한 날 그 진가를 발휘한다. 스톡홀름의 랜드마크부터 잘 알려지지 않은 숨은 명소까지, 섬별로 돌아보면 좋을 스톡홀름 시그니처 여행 스폿을 만나보자.

동화같은 시티홀,
스톡홀름 시청 Stockholms Stadshus

스톡홀름의 랜드마크격인 시청이다. 곧게 뻗은 다부진 건물은 바다를 앞에 둔 덕에 여유로운 분위기를 풍긴다. 봄과 여름에만 오픈하는 전망대에 오르면 애니메이션 <마녀 배달부 키키>의 배경이 되었던 아기자기하고 동화 같은 시내가 눈앞에 펼쳐진다. 해 질 녘이면 더욱 진하게 물드는 바다와 시청 주변은 아름다운 산책 코스다. 스톡홀름 시청은 노벨상 시상식 이후 연회가 열리는 장소로도 유명한데, 시청에 대해 자세하게 알고 싶다면 영어로 진행하는 가이드투어(10:00~15:00 매시 정각, 시즌별로 다름, 홈페이지 참조)를 신청해보자.

가장 아름다운 시청사 중 하나로 꼽히기도했던 이 스톡홀름 시청을 바다와 함께 사진으로 멋지게 담을 수 있는 뷰포인트로는 시청 맞은편 쇠데르말름 섬의 이바-로스 파크Ivar Los Park 혹은 신나르빅스베리엣Skinnarviksberget이 있다.

센트럴
Access 중앙역에서 도보 8분
Add   Hantverkargatan 1,
        111 52 Stockholm
Open   08:30~16:00/부정기 휴무
Cost   가이드 투어 130SEK,
        전망대 80SEK
Web   www.stadshuset.stockholm.se

스톡홀름의 밤을 빛낼 사진 박물관,
포토그라피스카 Fotografiska

100년도 넘은 오래된 세관 건물이 사진 박물관으로 재탄생했다. 유럽의 사진 미술관 중에서 손꼽히게 아름다운 곳.
현대 사진작품을 주로 전시하는데, 전시는 시즌별로 달라지나 전시의 큐레이팅과 퀄리티가 뛰어나다. 박물관으로
는 이례적으로 아주 늦은 시간까지 오픈해 시간에 쫓기지 않고 방문할 수 있다. 큰 창밖으로 유고르덴 섬과 바다가
보이는 꼭대기층의 카페와 레스토랑 역시 강력 추천 스폿. 레스토랑은 채식 메뉴만 판매한다.

쇠데르말름
Access   중앙역에서 지하철17•18번 탑승,
                   슬루센Slussen역 하차 후 도보 15분, 총 약20분
Add   Stadsgårdshamnen 22, 116 45 Stockholm
Open   10:00~23:00/여름철에는 카페만 오픈.
                   크리스마스 전후 휴무(홈페이지 참고)
Cost   210SEK(전시별로 다름, 학생 할인)/스톡홀름 패스
Web   www.fotografiska.com

유럽 최대의 야외 박물관, 스칸센 Skansen

스웨덴어로 '요새'라는 뜻의 스칸센은 1891년 지어진 야외 박물관이다. 스웨덴의 전통 가옥과 과거의 상업 공간을 잘 재현해 놓아 과거 17~19세기 전통 스웨덴을 만나볼 수 있고, 박물관 숍에서는 다양한 기념품을 판매한다. 체험적, 교육적 공간도 많아 특히 가족단위 관광객들은 필수 코스! 야외 동물원에서는 꽤 가까이서 동물들을 만나볼 수 있다. 스칸센 자체가 매우 넓고 둘러볼 곳이 많아 관람 시간을 넉넉히 잡는 것이 좋다. 시기에 따라 운영 시간과 입장료가 달라지니 방문 전 홈페이지를 확인하자.

삐삐의 나라에서 만나는 동심의 천국, 유니바켄 Junibacken

어린이를 동반한 여행자라면 필수 코스이고, 동화책을 사랑한다면 나이에 관계없이 즐거운 공간이다. 유고르덴 박물관 섬에 자리한 동화 세상. 무민과 삐삐 등 사랑스러운 북유럽 캐릭터들의 책과 이야기를 다루는 박물관이다. 동화 속 마을을 직접 걸어보고, 스웨덴에서 가장 큰 어린이용 서점에서 독서도 하고, 작은 기차를 타고 미니어처 공연도 볼 수 있다. 각 섹션의 완성도가 높고, 공간의 활용이 매우 뛰어나다. 영어나 스웨덴어(이외 13개국의 언어가 지원되나 한국어는 없는 점이 아쉽다)로 공연이나 이야기를 들려준다.

유고르덴 섬

Access	중앙역에서 버스69번 또는트램7번 탑승 후 25분 소요
Add	Djurgårdsslätten 49-51, 115 21 Stockholm
Open	10:00~18:00/여름과 크리스마스 마켓이 열리는
	12월 영업시간은 홈페이지 참고, 1/1휴무
Cost	220SEK/스톡홀름 패스
Web	www.skansen.se

유고르덴 섬

Access	중앙역에서 버스 69번 또는트램 7번 탑승 후 25분 소요
Add	Galärvarvsvägen 8, 115 21 Stockholm
Open	09:00~18:00(금~일~17:00)
Cost	225SEK, 15세 이하190SEK
Web	www.junibacken.se

오래된 만큼 클래식한 백화점,
노르디스카 콤파니에
Nordiska Kompaniet(NK Stockholm)

1902년, 첫 문을 연 이후 어느새 100살을 훌쩍 넘긴 백화점이다. 북유럽 최대 규모를 자랑하는 만큼 굉장히 많은 사람들이 찾는 곳. 간결한 로고를 따라 NK 백화점이라고 불리며, 멋들어지는 외관만큼이나 내부도 정갈한 균형미를 뽐낸다. 지하의 푸드코트도 훌륭하고, 꼭대기 층 한편에 자리한 환전소(Forex)는 수수료가 저렴해 환전하기에 좋다. 쇼핑 코너 중에서는 패션 브랜드와 인테리어 섹션이 추천할 만하고, 2000SEK 이상 구매 시 택스리펀도 가능하다. 단, 하나 아쉬운 점은 화장실 이용이 유료라는 것.

스톡홀름 시내를 한눈에,
카타리나 전망대 Katarinahissen

쇠데르말름 초입의 많은 사람들이 찾는 전망대. 슬루센역에서 내린 뒤 곤돌렌 레스토랑으로 가는 엘리베이터를타고 올라가 계단을 통해 한층 더 올라가면 전망대가 나온다.
스톡홀름 시내 전경을 한눈에 볼 수 있는 곳! 나갈 때는 뒤쪽 진입로를 이용하면, 내려가며 작은 가게들을 구경할 수 있다. 구글맵(앱)에서 Slussen(Stockholm)이라고 검색하면 가는 방법이 나온다.
전망대 아랫층곤돌렌레스토랑또한 뛰어난 전망과 함께 식사하기 좋은 곳이지만 현재는 임시 휴업 중이다.

센트럴

Access	중앙역에서 도보 10분
Add	Hamngatan 18-20, 111 47 Stockholm
Open	10:00~19:00(토 ~18:00, 일 11:00~17:00)
Web	www.nk.se

쇠데르말름

Access	중앙역에서 메트로17,18번 탑승 후 슬루센역 하차, 10분 소요
Add	Stadsgården 1, 116 45 Stockholm
Open	10:00~19:00/레스토랑 임시휴업
Cost	엘리베이터 무료

자연과 예술의 경계

스톡홀름에서는 자연과 어우러진 미술관, 바다를 마주한 조각품 등 자연을 벗삼는 예술적인 장소가 많다. 스톡홀름 사람들에게 풍요로운 예술적 영감을 안기는 멋진 공간들을 소개한다.

유럽의 숨은 현대 미술품 집합소,
현대 미술관 Moderna Museet

현대 미술에 관심이 많다면 꼭 들러야 할 스톡홀름의 대표 현대 미술관이다. 피카소, 마티스, 뒤샹, 칼더 등 내로라하는 유명 작가들의 작품을 대거 소장하고 있다. 평화로운 섬 셉스홀멘 Skeppsholmen 지구에 있어, 관람을 마치고 산책을 하면 더없이 좋을 힐링 여행 코스가 완성된다. 현지인들은 미술관의 카페와 레스토랑을 찾기 위해서 많이들 들르는 곳. 뮤지엄 숍도 워낙 세련되어 빈손으로 나오기가 쉽지 않다.

셉스홀멘

Access	중앙역에서 버스65번 탑승 후 약 15분 소요
Add	Exercisplan 4, 111 49 Stockholm
Open	수,목,토,일10:00~18:00
	(화•금 ~20:00 /월•공휴일 휴무)
Cost	상설전 무료, 특별전 진행 시 150SEK
Web	www.modernamuseet.se

생생한 조각과 자연,
밀레스 조각공원 Millesgården Museum

시내에서 약간 떨어진 리딩예Lidingö 지역에 자리한 미술관과 조각 공원이다. 조각가 칼 밀레Carl Milles의 생가를 미술관으로 꾸미며 미술 작품뿐 아니라 옛 스웨덴인들의 삶을 엿보는 재미까지 색다르다. 바다 근처에서 자연과 어우러지는 작품을 감상하다 보면 치유받는 듯한 느낌마저 드는 아름다운 공간이다. 북유럽과 그리스 신화의 친숙한 주인공들을 작품으로 만날 수 있어 흥미롭다. 관람을 마쳤으면 미술관 내부 카페에서 여운을 곱씹으며 쉬어가는 것도 좋다.

스톡홀름 근교

Access	중앙역에서 지하철 13번 탑승 후롭스티엔 Ropsten역에서
	버스 201•204•205번으로 환승. 총 30분 소요
Add	Herserudsvägen 32, 181 50 Lidingö
Open	11:00~17:00/월•공휴일 휴무(시즌별로 다르므로 홈페이지 참고)
Cost	170SEK
Web	www.millesgarden.se

숲 속 미술관,
아티펠라그 Artipelag

유독 돌이 많기로 유명한 스톡홀름의 근교 아키펠라고 Archipelago 섬에 자리 잡은 미술관이다. 2012년 처음 오픈한 이래로 예술 잡지나 서적에서 앞다퉈 소개할 정도로 주목을 받았던 곳. 숲과 어우러진 풍경을 Art, Activities, Archipelago의 세가지특징을 합친독특한 컨셉을 만들어냈다.실제로 아티펠라그는 이 세가지 단어의 합성어라고 한다.매번 바뀌는 기획 전시 또한 자랑할 만하지만, 이곳의가장 큰 매력은 "자연과 어우러진 건축물"이라 할 수 있다.미술관 어느 곳에서도 바깥의 거칠지만 아름다운 스웨덴 자연이 여실히 느껴지고, 어떤 날씨에도 자연의 아름다움을 극대화해서 사람과 작품들을 따뜻하게 품어주는 공간이다. 또한 주변의 호수와 숲을 거닐면 고요한 영감이 마구 샘솟아 도시로 돌아가기 싫어질 정도! 미술관 내 레스토랑에서 뷔페로 운영하는 브런치도 훌륭하다. 스톡홀름 센트럴에서 버스로 1시간 거리이나, 여름 전시 시즌에는 중앙역에서 셔틀버스를 운행하기도 하니 홈페이지를 참고하자. 특히 구스타브스베리 아웃렛을 방문할 예정이라면 함께 묶어 방문하는 것을 추천한다.

Porslinsfabrik & Iittala Outlet

슬루센Slussen역 지하 버스터미널에서 30분가량 버스를 타고 가면 닿는 구스타브스베리. 이곳에는 스웨덴의 도자기브랜드 구스타브스베리와 핀란드의 도자기 브랜드 이딸라의 아웃렛이 있다. 택스리펀은 받을 수 없지만, 최대 40%에 달하는 세일 폭이 너무나 고마운 곳. 버스에서 내려 이정표를 따라 5분 정도 걸어가면 나온다. 미술관 아티펠라그와 가까우니 함께 묶어가길 추천한다.

구스타브스베리

Access	슬루센역 버스터미널에서 버스 474번 탑승 후 30분 소요
Add	Chamottevägen2, 134 40 Gustavsberg
Open	10:00~18:00(토·일 11:00~17:00)
Web	gustavsbergsporslinsfabrik.se

구스타브스베리

Access	슬루센Slussen역에서 버스474번 탑승 후 구스타브스베리(Gustavsberg) 센트럴에서 버스468번으로 환승. 총 1시간 소요
Add	Artipelagstigen 1, 134 40 Gustavsberg
Open	11:00~18:00/공휴일 휴무(시즌별로 다르므로 홈페이지 참고)
Cost	특별전 약 180SEK(전시마다다름)/스톡홀름 패스
Web	www.artipelag.se

미니멀리즘의 미학, 스웨덴 패션

미니멀리즘이 유행하면서 떠오른 간결하고 고운 색감의 북유럽 패션. 그 중심에는 스톡홀름이 있다. 아크네 스튜디오ACNE STUDIO, 코스 COS, 아르켓ARKET, 미니 로디니 Mini Rodini 등 수많은 패션 브랜드는 물론 멋진 모델들을 배출해 내는 나라답게 어딜 가나 멋쟁이들과 뛰어난 패션 센스를 만나볼 수 있다.

이제는 스웨덴을 대표하는 패션 브랜드, 아크네 스튜디오 Acne Studio

스웨덴하면 가장 먼저 거론되는 스웨덴의 하이엔드 패션 브랜드다. 아크네의 출발은 의류 회사가 아니었다고 하는데, 당시 디자인 회사였던 아크네에서 직접 제작해 지인들에게 나눠준 청바지의 핏이 너무 예뻐 판매까지 하게 됐다는 것. 이후 청바지의 선풍적인 인기를 견인하며, 지금도 청바지를 시그니처 상품으로 내세우고 있다. 뉴트럴 파스텔톤을 사용한 고급스러운 느낌이 특징이며, 머플러와 코트, 가죽 액세서리 등 전반적인 의류 상품이 모두 인기다. 주로 찾는 지점은 쇠데르말름(Nytorgsgatan, 36),노르말름(Norrmalmstorg, 2) 지점과 노르디스카콤파니에(NK백화점) 내의 지점이다.

쇠데르말름

Access	중앙역에서 버스2·76번 탑승 후 15분 소요
Add	Nytorgsgatan 36, 116 40 Stockholm
Open	11:00~19:00(토~17:30, 일12:00~17:00)
Web	www.acnestudio.com

아크네 득템 절호의 기회! 아크네 아카이브 Acne Archive

아크네 제품을 저렴하게 득템할 수 있는 아크네 스튜디오의 세일 숍이다. 센트럴에서 버스로 약 20분 이동해야 하지만, 패션에 관심이 있는 사람이라면 꼭 한번 들러볼만하다. 컬렉션에 사용된 옷이나 샘플, 재고 등을 50~70% 할인된 가격에 판매하는데, 의류나 진, 액세서리류 등은 시즌에 따라 바뀐다. 몇몇 제품은 과도하게 화려하기도 하지만, 잘 찾으면 베이직 아이템도 많다. 가격 혜택이 워낙 크므로 두 눈 크게 뜨고 마음에 드는 디자인과 맞는 사이즈를 찾아보자. 세일 시즌에 찾는다면 10만원이 채 되지 않는 가격에 청바지를 사게 될 수도 있다.

아크네 아카이브는 코펜하겐(Elmegade 21, 2200 copenhagen)과 오슬로(Markveien 60, 0550 Oslo)에서도 만나볼 수 있으니 참고하자.

바사스탄

Access	중앙역에서 지하철17·18·19번탑승 후 약 20분 소요
Add	Torsgatan 53, 113 37 Stockholm
Open	11:00~18:30(토~17:30, 일12:00~17:00)

멋쟁이들의 놀이터,
니티그리티 셀렉숍 Nitty Gritty

스톡홀름에서 가장 세련된 쇠데르말름 섬에 있는 남녀 의류 편집숍이다. 도로 하나에 여성의류 매장과 남성의류 매장이 따로 있어 나란히 둘러볼 수 있다. 헬무트랭, 아크네 스튜디오, 메종 마르지엘라, 나이키 등 다양한 인기 브랜드 제품을 대부분 취급한다. 스타일리시한 아이템 쇼핑에 목마른 사람에게 추천하는 핫한 가게. 같은 거리에 있는 아워레가시 Our Legacy 매장은 스웨디시 하이엔드 패션 브랜드로 역시 패션 마니아들이 즐겨 찾는 곳이니 함께 들러보자.

깔끔한 북유럽식 스니커즈,
이티스 Eytys

스웨덴에서는 아크네 스튜디오를 빼고 패션을 논하기가 힘든데, 이 브랜드 역시 아크네 스튜디오에서 스니커즈 디자인을 도맡아온 디자이너가 독립해서 만든 신발 브랜드다. 심플하지만 세련된 디자인은 그대로 유지한 채 신발 밑창에 코르크(소위 와인 마개로 알려진)를 사용해 신는 사람의 발에 꼭 맞게 변형되는 편리함까지 갖췄다. 이미 프랑스나 영국의 세계적인 백화점에도 입점되어 있으며, 우리나라의 패션계에도 널리 알려져 있다. 스니커즈 가격은 약 1000~2000SEK 로 고급 브랜드 치고는 합리적인 가격대다.

센트럴

Access	중앙역에서 도보 15분
Add	Norrlandsgatan 22, 111 43 Stockholm
Open	11:00~19:00(토 ~17:00, 일 12:00~16:00)
Web	www.eytys.com

쇠데르말름

Access	중앙역에서 버스 55번 탑승 후 15분 소요
Add	Krukmakargatan24-26, 118 51 Stockholm
Open	12:00~17:00(토11:00~16:00, 일 휴무)
Web	www.nittygrittystore.com

스웨덴식 안분지족, 라곰 디자인

'적당한'이라는 뜻의 스웨덴 단어 '라곰Lagom'은 스웨덴인들의 생활 전반에 깊이 자리한 국민적 감성이다.
우리나라식으로 따지면 안분지족의 삶이라고 해야할까. 그들의 적당한 균형감은 디자인에 그대로 묻어나
세련됨을 잃지 않으면서 실용성과 아름다움을 두루 갖췄다.
전세계적으로 많은 매니아를 둔 스웨덴의 라곰 디자인의 매력에 빠져보자.

스웨덴 국민 패브릭,
스벤스크 텐 & 티룸 Svenskt Tenn & Tea Room

스웨덴 디자인의 정석과도 같은 곳이다. 1930년에 디자인된 패브릭이 아직까지 인기있게 팔리는 것을 보면 시대를 거스르는
뛰어난 디자인이라는 것이 증명된다. 북유럽은 겨울이 길고 어두운 만큼 공간에 어울리는 램프와 밝고 화사한 포인트 제품을
두는데, 스벤스크텐에서는 화려하면서도 밝은 색감의 패브릭 제품을 다양하게 선보인다. 매장에서는 화려한 무늬들이 모여있
어 과하게 느껴질 수 있지만, 포인트 벽지나 쿠션, 테이블보 등 집안 군데군데 활용하면 공간의 분위기를 한층 생기있게 만들
어준다. 매장 2층의 티룸은 바다를 바라보며 조용하게 차를 즐길 수 있는 숨은 피카Fika 장소다.

센트럴
Access	중앙역에서 도보 15분
Add	Strandvägen 5,
	114 51 Stockholm
Open	10:00~18:00
	(토~17:00, 일 11:00~16:00)
Web	www.svenskttenn.se

만질 수 있는 아름다움,
이리스 한트베르크 Iris Hantverk

스웨덴은 초등학교에서 공예를 가르칠 정도로 전통 공예에 관심이 많다. 그중에서도 특히 목공예와 조각으로 유명한데, 이리스한트베르크는 스웨덴의 나무공예품을 판매하는 유서깊은 가게다. 스웨덴어로 이리스는 '눈', 한트베르크는 '공예'를 뜻한다.상호에서 내포한대로, 특히 시각장애가 있는 공예가들이 친환경 재료를 사용해 만들어 낸 공예품이라 그 의미가 더욱 뜻깊은 곳이다. 완성도와 활용도 높은 홈 인테리어 소품이 다양해 빈손으로 나오기 어려운 곳! 가격대도 적절하니 기념품 쇼핑을 위해 시간 내서 들러볼 것을 추천한다.

센트럴

Access   중앙역에서 도보 7분
Add   Kungsgatan 55, 111 22 Stockholm
Open   10:00~18:00(토 ~15:00)/일 휴무
Web   www.ilishantverk.se

스웨덴의 소소하지만 확실한 기념품,
스벤스 햄스뢰 Svensk Hemslöjd

스웨덴을 대표하는 공예품 '달라홀스'를 다양하게 만나볼 수 있는 곳. 달라홀스는 행운을 주는 말이란 뜻으로 화려한 스웨디시 패턴을 직접 손으로 그려 넣은 목조각품이다. 달라홀스를 비롯해 아기자기한 공예품을 판매하는 공예품 전문 매장이다. 마그넷과 타월, 러그, 홈 인테리어 용품까지 다양하게 판매한다. 소중한 추억을 담은 기념품을 쇼핑하고 싶다면 감라스탄의 공산품 기념품숍보다는 이곳과 이리스한트베르크 등 특별한 수공예품 전문점을 추천한다.

센트럴

Access   중앙역에서 도보 12분
Add   Norrlandsgatan 20, 111 43 Stockholm
Open   10:00~18:00(토 11:00~16:00, 일휴무)
Web   www.svenskhemslojd.com

디자인 놀이터,
디자인토리옛 Designtorget

스웨덴의 신진 디자이너들이 거쳐가는 등용문과도 같은 매장. 스톡홀름을 들르는 이들이 꼭 가야할 매장으로 거론되는 디자인 셀렉트 숍이다. 신진 디자이너들의 신선한 디자인 제품을 주로 취급하는데, 다소 높은 가격에 선뜻 지갑을 열기는 힘든 곳이다(이곳의 제품이 질이 떨어진다고 하기보단, 최근에는 국내로 새로운 스웨덴 디자인 제품들이 빠르게 수입되는 편이다). 하지만 조금 과장해 스웨덴 디자인 기반이 되는 주춧돌 같은 가게라는 점에서 방문할 가치가 있는 곳.

센트럴

Access   중앙역에서 도보 12분
Add   Sergelgatan 20, 111 57 Stockholm
Open   10:00~19:00(토 ~17:00, 일 11:00~16:00)
Web   www.designtorget.se

생생한 북유럽 인테리어 화보집,
노르디스카 갈러리에 1912
Nordiska Galleriet 1912

100년이 넘는 역사를 이어온 인테리어 가게로, 프리츠 한센, 알바 알토, 르코르뷔지에 등 유럽의 대표 디자이너와 브랜드 제품이 공간을 빛내는 매장. 디자인 박물관 혹은 갤러리에 온 듯한 느낌을 줄 정도로 고급스러운 분위기가 특징이다. 매 시즌 컨셉이 바뀌는 쇼윈도는 마치 하나의 설치 작품과 같아 인테리어를 사랑하는 사람이라면 꼭 들러봐야 할 스톡홀름 인테리어의 바이블 같은 곳이다.

센트럴

Access   중앙역에서 도보 15분
Add   Nybrogatan 11, 114 39 Stockholm
Open   10:00~18:00(토~17:00, 일 11:00~16:00)
Web   www.nordiskagalleriet.se

한눈에 보는 북유럽 디자인 트렌드,
드라이 스튜디오 쇼룸 Dry Studios

빈티지 숍들이 모여있는 어플란스가탄Upplandsgatan에 있는 디자인 스튜디오 쇼룸이다. 사실 많은 물건을 판매하기 위해 만들어 놓은 공간이라기보다는 디자인을 연구하고 널리 알리기 위한 공간으로 보는 게 더 적합할 정도로 독특하다. 북유럽 등지에서 신중하게 고른 창의적인 아이템과 수공예 가구나 소품도 많아 북유럽 디자인 트렌드를 살펴보기에 좋다. 디자인에 관심이 많다면 찾아볼 것.

센트럴

Access 중앙역에서 도보 15분
Add Upplandsgatan 36, 113 28 Stockholm
Open 09:00~17:00/토·일 휴무
Web www.drystudios.com

미드센추리 모던 빈티지 가구 여행

스톡홀름에는 미드센추리 모던 디자인 제품을 다루는 빈티지 매장이 유독 많다. 미드센추리 모던이란 1900년대 중반의 디자인 황금기를 지칭하는 말로, 요즘 더욱 가치가 올라간, 소위 가장 핫한 디자인 사조다. 빈티지 가구와 조명, 세라믹 제품들이 특히 유명하다.

스웨덴의 레트로 보물창고, 바쿠스 안틱 Bacchus Antik

스톡홀름에서 '빈티지'하면 한손에 꼽히는 빈티지 숍이다. 구스타브스베리의 베르소, 핀타 등 인기 라인 제품을 다량 보유하고 있다. 빈티지숍이 많은 Upplandsgatan 어플라스가탄 거리에 있으며, 같은 거리에 자리한 옆 매장에서는 빈티지 의자나 조명 등도 다양하게 취급한다. 현지인, 여행자 할것 없이 두루 찾는 유명한 빈티지 숍이라 재고 회전율이 빠른 편이다.

센트럴

Access 중앙역에서 도보 15분
Add   Upplandsgatan 46, 113 28 Stockholm
Open   12:00~18:00(토 11:00~16:00)/일 휴무
Web   www.bacchusantik.com

세월을 가득 머금은 가구들,
모더니티 스톡홀름 Modernity Stockholm

해외 배송도 가능한 고급 빈티지 부티크. 숍 안에는 아르네 야콥슨, 한스 베그너, 핀 율 등 북유럽 유명 디자이너 제품이 가득하다. 모두 50~60년가량 지난 빈티지가구지만, 거의 모든 제품이 반짝반짝 새제품처럼 깨끗해 퀄리티가 매우 뛰어나다. 높은 수준의 제품만 취급하는 만큼 가격은 만만치 않지만, 구경만으로도 황홀할 정도로 멋진 제품이 많으니 빈티지 마니아라면 눈호강할 기회다.

귀여운 빈티지 소품 모음,
아이디얼 포 리빙 An Ideal for Living Stockholm

쇠데르말름 중심부에서 만나는 빈티지 숍. 주로 빈티지 레코드를 취급하지만, 가게 곳곳에서 작은 소품류와 빈티지 제품을 만나볼 수 있다. 4-5 명만 들어가도 지나다니기 힘든 작은 가게지만, 오너의 애정이 담긴 제품들이 방대하게 담겨 있어 물건에 대해 질문하면 친절하게 설명해준다.

센트럴

Access   중앙역에서 도보 20분
Add   Sibyllegatan 6, 114 42 Stockholm
Open   12:00~17:30(토: 11:00~15:00)/일 휴무
Web   www.modernity.se

쇠데르말름

Access   중앙역에서 지하철17•18•19번탑승 후 15분 소요
Add   Södermannagatan 19, 116 40 Stockholm
Open   13:00~19:00(토-일 ~18:00)/화-수 휴무

스웨덴인들의 세컨핸드 생필품 천국,
스톡홀름 스타드미션 매장 & 카페
Stockholms Stadsmission Second Hand / Grillska Huset

스톡홀름의 비영리 기부 단체에서 운영하는 세컨핸드 매장이다. 시내에도 매장이 몇 있지만, 감라스탄 지점이 위치가 좋아 가기 쉽고 세라믹 제품들(컵, 접시 등의 도기류)을 비롯한 물건도 가장 다양하다. 유럽에서는 비영리 단체의 중고 매장이 활발하게 운영돼 물건 회전율이 아주 빠른 편인데, 물건이 자주 바뀌는 대신 운이 좋다면 스웨덴의 빈티지 조명이나 북유럽 그릇 등을 아주 저렴하게 만날 수 있다.가게 바로 옆의 이 단체에서 운영하는 아늑한 분위기의 카페 또한, 오픈 샌드위치 등의 요깃거리가 잘 갖춰져 있고 적당한 가격이라 감라스탄의 골목을 걷느라 지친 다리를 쉬어가기 좋다.

감라스탄
Access   중앙역에서 도보 15분
Add   숍 Köpmangatan 15, 111 31 Stockholm
          카페 Stortorget 3, 111 29 Stockholm
Open   숍 11:00~18:00
          (토 11:00~17:00,일 12:00~16:00)
          카페 10:00~20:00
          (토 ~19:00,일 11:00~19:00)
Web   www.stadsmissionen.se

Tips.
1. 회토리엣 벼룩시장
Hötorgets Loppmarknad

일요일만 열리는 빈티지 제품 벼룩시장. 아라비아 핀란드, 구스타브스베리 등을 비롯한 다양한 북유럽 세라믹 제품들과 앤틱 인테리어소품들 까지 다양하게 그리고 저렴하게 만날 수 있는 마켓이다. 평일에는 꽃이나 과일 등을 파는 전통 마켓이 열려서 장을 보는 것도 추천! 대부분 개인 판매자라 현금 구매만 가능하다.

2. 모더나 매그너스
Moderna Magnus

감라스탄 한복판에 있는 자그마한 빈티지 세라믹 매장이지만 층층이 쌓인 컵들을 보다 보면 1시간은 더 머무르고 싶어지는 사랑스러운 가게다. 구스타브스베리, 로스트란드, 게플레 등 정말 다양한 빈티지 세라믹들을 볼 수 있다. 컵 하나를 들어 유심히 볼때마다 주인 할아버지가 "그 컵은 언제 나왔고, 언제 인기 있었고" 등의 비하인드 스토리가 줄줄 나오는데, 그도 그럴 것이 빈티지 세라믹 잡지로 유명한 '레트로 Retro' 편집장이셨다고 한다.북유럽 세라믹 매니아라면 시간 가는 줄 모르게 구경하고, 할아버지와 대화할 수 있는 곳이다. 가격도 비교적 적당한 편이지만, 유일한 단점은 토요일만 오픈한다는 것이다. (여름시즌에는 평일도 종종 오픈한다)

센트럴
Access   중앙역에서 도보 7분 소요
Add   Hötorget, 11157Stockholm
Open   일 10:00~16:00
Web   www.visitstockholm.se

감라스탄
Access   중앙역에서 도보 20분 소요
Add   Köpmangatan 9, 11131 Stockholm
Open   토 12:00~18:00

피카 Fika, 오후를 깨우는 커피 브레이크

영국에 '애프터눈 티'가 있다면 스웨덴에는 '피카 Fika'가 있다! 하루 중 지루한 오후를 깨우는 스웨덴식 커피 브레이크 피카. 스웨덴 전통 디저트 셈라 Semla 와 함께라면 더욱 풍성한 디저트 타임이 완성된다.

한적하게 현지인처럼 즐기는 커피,
카페 파스칼 Café Pascal

커피 소비율이 세계 5위 안에 드는 스웨덴에서 커피는 곧 일상이다. 대부분 스웨덴 사람들이 커피를 즐기는 오후 피카 타임, 가장 분주해지는 카페가 하나 있으니 바로 카페 파스칼이다. 센트럴에서 조금 떨어져 있는 동네 카페지만 고급스럽고 세련된 분위기에 더해깊은 커피맛으로 커피 애호가들의 눈도장을 제대로 받았다. 덕분에 스톡홀름에서 꼭 방문해야 할 1순위 카페로 손꼽히는 곳.

바사스탄

Access	중앙역에서 도보 20분
Add	Norrtullsgatan 4, 113 29 Stockholm
Open	08:00~17:00(토·일~16:00)
Web	www.cafepascal.se

북유럽식 '예쁨'이란 이런 것,
카페벨켓 Kaffeverket

로컬 카페지만, 워낙 분위기가 좋아 힙스터들이 모여드는 인기 스폿이다. 좁지 않은 공간이 늘 현지인으로 가득 차 자리잡기가 쉽지 않은데, 커피 맛을 보고 나면 매일같이 자리 경쟁에 참여하고 싶어지는 가게다. 커피와 빵 등 음식 맛이 훌륭한 것은 물론이고, 흰 타일과 민트색 벽으로 조화롭게 꾸민 북유럽 스타일 내부 인테리어는 카메라 셔터를 재촉하는 멋진 공간이다. 이 카페 홈페이지에서 볼 수 있는, 같은 오너의 카페와 빵집도 비슷한 분위기가 매력적인 강력 추천 하는 곳들 이다.

바사스탄

Access   중앙역에서 지하철17• 18• 19번탑승 후 13분 소요
Add   Sankt Eriksgatan 88, 113 62 Stockholm
Open   07:00~17:00(토-일 09:00~)
Web   www.kaffeverket.se

스톡홀름 일등 커피,
드롭 커피 로스터스 Drop Coffee Roasters

수준 높은 스톡홀름 커피 마켓에서 손꼽히는 로스터리 카페. 커피 맛으로는 스톡홀름을 평정했다 평가받는 위엄 있는 가게다. 쇠데르말름의 소포 지구에서 약간 떨어진 위치지만, 커피빈을 사가는 사람들과 커피맛을 보려는 사람들로 늘 붐빈다. 도시 내 커피 로스터리 문화가 발달한 베를린과 런던에서도 이곳 커피 원두를 사용하는 카페가 있을 정도. 감각적인 컬러의 벽과 인테리어로 여느 갤러리 못지않은 품격있는 분위기를 만들어냈다.

쇠데르말름

Access	중앙역에서 지하철 13·14번 탑승 후 8분 소요
Add	WollmarYxkullsgatan 10, 118 50 Stockholm
Open	08:30~18:00(토·일 10:00~17:00)
Web	www.dropcoffee.se

스웨덴 커피 로스터리의 원조,
멜크비스트 카페 & 바 Mellqvist Café & Bar

프리미엄 커피를 선보이는 로스터리 카페로, 오픈한지 10년이 넘은 스톡홀름의 터줏대감 카페다. 홈메이드 샌드위치와 데니쉬 등 빵 종류가 훌륭하며, 오전에는 아침 식사로 뷔페를 이용할 수도 있다. 영업시간이 긴 편이라 여행 중간중간 시간에 구애받지 않고 스웨덴식 피카를 즐길 수 있다는 것도 장점. 커피 원두의 풍미가 진하고 깊은 편이라 카페라테와 잘 어울린다. 갤러리나 이벤트 공간으로 사용되기도 하는데, 다소 분주한 분위기조차 기억에 남을 활기차고 맛있는 공간.

바사스탄

Access 중앙역에서 지하철17·18·19번 탑승 후 10분 소요
Add   Rörstrandsgatan 4, 113 40 Stockholm
Open   06:00~22:00(일-월 ~21:00)

스웨디쉬 대표 카페,
베테카텐 Vete-Katten

100년이 넘는 역사를 이어가는 스웨덴의 전통 케이크 가게. 겉보기엔 세련된 간판과 인테리어로 현대적인 분위기를 풍기지만, 오랜 전통의 디저트 카페다. 크림과 아몬드 잼이 들어간 스웨덴식 디저트 셈라와 연두색의 프린세스 케이크가 대표 메뉴다. 주문은 카운터에서 하고 픽업 대에서 음료를 받아오는 셀프 주문 방식이다.

센트럴

Access 중앙역에서 도보 6분
Add   Kungsgatan 55, 111 22 Stockholm
Open   07:30~20:00(토-일 09:30~19:00)
Web   www.vetekatten.se

스웨덴의 식탁 Swedish Kitchen

스웨덴의 전통음식이라 할 수 있는 미트볼과 해산물 요리는 한 번쯤 먹어봄직한 메뉴들이다. 가격대가 다소 비싼 편이지만 그들의 식문화 체험이라 생각하고 한 번쯤은 시도해 보자. 세련된 모던 레스토랑들도 많지만, 마트나 백화점식당가, 프랜차이즈 레스토랑 등을 골고루 들러 식비도 절약하고 다양한 맛을 경험해 보자.

젊은 스웨디쉬 음식들,
우드스톡홀름 Wood Stockholm

모던하고 고급스러운 분위기의 비스트로다. 쇠데르말름 구역에 조용히 자리 잡은 이곳은 문을 연지 그리 오래되지 않았지만 로컬들의 사랑을 듬뿍 받는 핫한 레스토랑이다. 스웨디시 요리와 양식 코스 요리를 제공하며, 부담스럽지 않은 가격과 편안한 메뉴가 최고의 장점(메인 요리 단품290-580SEK).가게에서 사용하는 고급스러운 분위기의 원목 가구도 판매하는 독특한 매장이다.

쇠데르말름
Access 중앙역에서 지하철17•18•19번탑승 후 15분 소요
Add   MosebackeTorg 9, 116 46 Stockholm
Open   17:00~23:00
Web   www.woodstockholm.com

스웨덴 대표 미슐랭 레스토랑,
옥센 크로그 & 옥센 슬립
Oaxen Krog & Oaxen Slip

유고르덴 섬의 자연에 둘러싸인 캐주얼 비스트로다. 스웨덴의 자연주의 음식을 선보이는 곳으로, 예약하지 않으면 방문하기 어렵다. 그중 옥센 크로그는 미슐랭 레스토랑답게 조금 더 고급스러운 파인 다이닝 요리를 판매하고, 슬립은 그보다는 조금 더 캐주얼한 느낌이다. 크로그에서 한 끼 식사는 약 2500SEK 이상의 예산을 필요로 하나, 슬립은 메인디쉬 가격이 약 300SEK, 평일 런치 코스는 약 550SEK 로 비교적 합리적인 편이다. 단, 시즌 별로 영업시간과 메뉴 가격이 달라지므로 웹사이트를 참고하자.

유고르덴 섬
Access 중앙역에서 버스 69번 또는트램 7번 탑승 후 25분 소요
Add   Beckholmsvägen 26, 115 21 Stockholm
Open   11:30~16:00, 17:00~23:00(토-일 12:00~23:00)
Web   www.oaxen.com

특별한 스웨덴 미트볼,
레스토랑 박피칸 Restaurang Bakfickan

북유럽의 전통 음식 미트볼을 맛보고 싶다면 꼭 방문해야 하는 식당. 왕립 스톡홀름 오페라 극장에 자리한 미트볼 맛집이다. 좌석은 다소 좁고 불편하지만, 맛만큼은 불평할 수 없는 곳이다. 넉넉한 양의 매쉬드 포테이토와 링곤베리 소스, 상큼한 피클, 고소한 풍미의 빵까지 모든 맛이 조화롭다. 기본으로 제공되는 빵을 포함해 양도 푸짐하니 마음 놓고 방문해도 좋다.(메인 요리 250-450SEK)

올드 앤 모던 레스토랑,
롤프스 부엌 Rolfs Kök

감각적인 로고가 눈에띄는 이곳은 30년 넘게자리를 지켜온 오랜 전통의 레스토랑이다. 모던하고 세련된 디자인과 어울리는 현대 노르딕 음식을 선보인다. 오랜 세월을 함께해온 현지의 마니아층이 많은데, 분위기와 음식에 비하면 가격도 적당한 곳이다. 추천 메뉴는 역시나 해산물 요리. 그중에서도 새우나 조개, 청어가 들어간 메뉴가 가장 인기다.(디너 메인 요리 약300-500SEK)

센트럴

Access	중앙역에서 도보 12분
Add	Jakobstorg 2-12, 111 52 Stockholm
Open	11:30~22:00(토 12:00~22:00)/일·월 휴무
Web	www.operakallaren.se

센트럴

Access	중앙역에서 도보 15분
Add	Tegnérgatan 41, 111 61 Stockholm
Open	17:00~24:00(금·토~01:00)/월 휴무
	(여름 시즌에는 휴가로 런치는 영업 안함)
Web	www.rolfskok.se

200년이 넘은 공연장의 레스토랑,
쇠드라티턴 SödraTeatern & Restaurang Mosebacke

쇠데르말름 섬 초입에 있는 1800년대 지어진 공연장이다. 하지만 여행자들에게는 공연장보다 런치 레스토랑으로 추천하고 싶은 곳.(11-14시) 현지인과 예술계 종사자들이 즐겨 찾는 식당으로 매일 달라지는 감각적인 런치 메뉴를 만날 수 있다. 또한 건물이 워낙 높은 지대에 있어 뷰가 뛰어나다. 평일 런치나 토·일요일 브런치를 즐길 수 있으며, 시즌별로 운영시간이 달라질 수 있으니 홈페이지를 참고하는 것이 좋다. (런치 메뉴 약 150SEK)

쇠데르말름

Access	중앙역에서 지하철17·18·19번 탑승 후 15분 소요
Add	Mosebacketorg 1-3, 116 46 Stockholm
Open	11:00~14:00(토-일 ~16:00)
Web	www.sodrateatern.com

MORE. 100년이 넘은 현지 스웨디쉬 푸드 마켓,
외스터말름 푸드마켓 Östermalms Saluhall

센트럴 지역 동쪽 외스터말름 지역에 위치한 북유럽식 전통 실내 푸드마켓이다. 125년 기념으로 리노베이션 한 뒤 더욱 깔끔하게 정돈된 마켓에서는 신선한 식재료를 판매하고, 내부에 편하게 들를만한 식당과 카페, 펍 등이 자리해 있다. 1888년에 세워진 멋진 푸드마켓 건물도 멋지지만 스톡홀름의 역사가 깃든 멋진 주방이라는 의미있는공간이라 할 수 있으니 한 번쯤 방문해 보는 것을 추천한다.

센트럴

Access	중앙역에서 도보 17분
Add	Östermalmstog1, 114 39 Stockholm
Open	09:30~19:00(토 ~17:00)/일 휴무
Web	www.ostermalmshallen.se

건강한 음식에 깃든 건강한 삶,
오가닉 푸드 Organic Foods

스웨덴을 비롯한 북유럽의 베지테리언(채식주의자)들은 식재료에 특히 예민하다.
꼭 베지테리언이 아니더라도 삶의 질을 중요시하는 그들의 취향 덕에 오가닉 음식들이
굉장히 발달하게 됐는데, 덕분에 신선하고 건강에 좋은 '좋은 음식'들을 체험해 보자.
여담으로, 북유럽에는 유치원 간식이나 식사에도 베지테리언 옵션이 있다고 한다.

스웨덴 대표 오가닉 레스토랑 & 마켓,
어반 델리 Urban Deli

스톡홀름에서 가장 잘나가는 유기농 슈퍼마켓이자 레스토랑이다. 고급스러운 식재료를 다양하게 취급해 오후에는 퇴근하면서
장을 보는 이들로 가득하다. 슈퍼마켓의 런치박스(약 100SEK)는 구성과 맛이 뛰어나 인기 품목으로 꼽히니 여행자들은 런치박
스를 가장 먼저 노려보자. 내부 레스토랑 역시 추천할 만한 맛집인데, 생선요리와 샐러드가 특기다.
시내에 하나(노르말름), 쇠데르말름 지역에 각하나씩 지점이 있다.

센트럴
Access   중앙역에서 도보 10분 소요(센트럴 지점)
Add   Sveavägen 44, 111 34 Stockholm(노르말름 지점)
Open   일-화07:00~23:00/수-토08:00~24:00
Web   www.urbandeli.org

세련된 컨셉의 빵 맛집,
파브리크 Fabrique Drottninggatan

정제하지 않은 밀가루와 소금을 사용해 건강한 빵을 빚어내는 빵집이다. 스톡홀름에만 10개 내외의 지점을 두고 있는데, 그중에서도 센트럴 지역 지점은 늦은 오후에 찾으면 인기 빵들을 만나보기 힘들 정도로 인기. 디저트식 빵보다는 식사를 대체할 만한 든든한 빵 종류가 다양한데, 맛과 건강을 두루 챙겼다. 지점에 따라 셀프 바에 잼을 비치해 두기도 한다.

센트럴

Access	중앙역에서 도보 15분
Add	Drottninggatan 102, 111 60 Stockholm
Open	07:30~18:00(토 08:00~16:00)/일 휴무
Web	www.fabrique.se

스웨덴의 로컬 패스트푸드,
막스 버거 Max Burgers

스웨덴의 햄버거 체인점. 패스트푸드 치고는 가격이 저렴하지 않으나, 스웨덴 국내에서 재배하는 식재료와 오가닉 재료를 사용한다. 몸에 좋은 재료를 아낌없이 사용하다 보니 현지인들은 맥도날드나 버거킹 등 대형 패스트푸드점보다는 막스의 햄버거를 주로 즐기는 편. 치즈와 할라피뇨가 올라간 감자튀김을 꼭 곁들일 것! 덴마크와 노르웨이에도 지점을 두고 있다.

센트럴

Access	중앙역에서 도보 10분
Add	Kungsgatan 44, 111 35 Stockholm
Open	10:00~01:00(금·토 ~05:00)
Cost	햄버거 세트 약 100SEK
Web	www.max.se

북유럽의 도시들 중 밤이 가장 밝은 스톡홀름. 스웨덴은 세계적인 뮤지션인 아바 ABBA 를 배출한 나라인데다, 클럽과 재즈클럽이 많은 만큼 음악을 사랑하는 나라이다. 그냥 잠들기는 아쉬운 여행지의 밤, 반짝이는 스톡홀름의 나이트 라이프를 즐겨보자.

스톡홀름 No.1 재즈클럽, 페칭 Fasching

스톡홀름 최고의 재즈 클럽이다. 살아 있는 사운드를 즐기고 싶다면 중앙역 근처 페칭이 정답. 금·토요일 밤에는 클럽처럼 활기를 띠는 화끈한 분위기다. 홈페이지에서 공연을 확인할 수 있으나, 스웨덴어만 지원하므로 현지에서 호텔이나 민박 등 묵고 있는 숙박시설에 예약을 부탁하자. 클럽에 들러 영어로 직접 예약해도 된다. 만 20 세 이상 입장 가능하며, 예산은 인당 200SEK 이상 잡는 것이 좋다.(공연 별로 상이)

최고의 피맥집, 옴니폴로스 핫 Omnipollos Hatt

스톡홀름 최고의 피자를 맛볼 수 있는 피맥(피자+맥주)집이다. 절정의 인기를 누리고 있는 가게인지라 저녁 시간에는 서서 맥주를 마셔야 할지도 모른다. 그만큼 최고의 피자와 맥주를 맛볼 수 있는 곳. 공간이 협소한 편이니 너무 붐비는 것이 싫다면 조금 이른 시간에 들르는 것도 괜찮다.

센트럴

Access	중앙역에서 도보 5분
Add	Kungsgatan 63, 111 22 Stockholm
Open	공연 별로 상이
Web	www.fasching.se

쇠데르말름

Access	중앙역에서 지하철 17·18·19번 탑승 후 15분 소요
Add	Hökensgata 1A, 116 46 Stockholm
Open	12:00~01:00
Web	www.omnipolloshatt.com

Stay

스톡홀름은 북유럽 도시들 중 호텔 요금이 가장 저렴한 편이다. 따라서 멋진 디자인 숙소에서 묵더라도 다른 유럽 도시들에 비해 부담이 덜한 편이니 부티크 호텔에서 지내보는 것도 각자의 휴가를 빛내기에 좋은 선택이다.

Hot Tip 스톡홀름의 한인 민박

소수지만 스톡홀름에는 한인 민박이 있다. 다른 북유럽 도시에서는 만나볼 수 없었던 민박이기에 한식과 따뜻한 정이 그립다면 여행 정보도 얻을 겸 한인 민박에서 묵어보는 것도 추천한다.

스웨덴 스타일 홈 Home,
엣헴 Ett Hem

미슐랭 3 스타의 의미는 이 레스토랑에 들르기 위해서라도 그 도시에 방문할 가치가 있다는 뜻. 만약 호텔계에 미슐랭이 있다면 엣헴은 손쉽게 3 스타를 받을만한 호텔이다. 100년도 더 된 오래된 저택을 호텔로 개조해 진짜 '집' 같은 호텔을 만들었다. 12 개의 객실만을 운영하지만, 짐(헬스장)과 사우나 시설까지 겸비해 비싼 값을 한다. 이 호텔의 가장 큰 매력 중 하나는 철저히 고객만을 위해 존재하는 호텔의 키친. 원하는 시간에 원하는 공간에서 원하는 음식을 먹을 수 있는 완벽한 주방이다. 도심과는 약간 떨어져 있지만, 특별한 스웨디쉬 홈에 머물고 싶다면 망설일 필요가 없는 곳.

젊은 감각의 공간,
호보 호텔 Hobo Hotel

센트럴에서 가장 번화한 세르겔 광장에서 가까운 모던한 호텔이다. 각 객실의 디자인이 세련되고 뛰어나 액티브한 여행을 즐기는 젊은 층에게 인기를 끌고 있다. 유기농 요리를 제공하는 레스토랑 겸 바도 매력적이고, 같은 건물에 갤러리안 쇼핑 센터Gallerian Shopping Centre가 있어 편리하다. 다만, 주의해야 할 점은 창문이 없는 방도 있다는 것. 원치 않는다면 예약이나 체크인할 때 미리 창문 있는 방을 요청할 수 있으나, 추가 요금이 필요하다.

바사스탄

Access	중앙역에서 지하철14번 탑승 후 15분 소요
Add	Sköldungagatan 2, 114 27 Stockholm
Cost	더블룸약 4000~8000SEK
Web	www.etthem.se

센트럴

Access	중앙역에서 도보 10분
Add	Brunkebergstorg 4, 111 51 Stockholm
Cost	더블룸1500SEK~
Web	www.hobo.se

굿 로케이션 & 굿 디자인,
스칸딕 그란드 센트럴 Scandic Grand Central

스칸딕 호텔은 북유럽 전역에 지점을 둔 디자인 호텔이다. 룸 컨디션과 조식, 서비스 등이 전반적으로 만족스러운 편인데, 그중에서도 스톡홀름의 그란드 센트럴 지점은 최적의 위치에 훌륭한 서비스를 제공하는 곳이다. 스톡홀름은 관광지 간의 거리가 꽤 먼 편이라 다른 북유럽 도시들보다 많이 걸어야 하는데, 그란드 센트럴은 중앙역에서 5분 거리에 있어 관광에 최적화되어 있다.

센트럴

Access	중앙역에서 도보 5분
Add	Kungsgatan 70, 111 20 Stockholm
Cost	더블룸 2000SEK~
Web	www.scandichotels.com/grandcentral

그랜파 Grandpa

남녀 의류 및 인테리어 소품 등을 폭넓게 판매하는 편집숍이다. 주로 편안한 캐주얼 의류를 판매해 부담 없는 분위기다. 인테리어 소품 역시 깔끔한 북유럽의 트렌드를 반영한 잇 아이템들이 다양하다.

쇠데르말름
Access 중앙역에서 지하철 17·18·19번 또는
　　　　버스 53번 탑승 후 15분 소요
Add 　Södermannagatan 21, 116 40 Stockholm
Open 　11:00~18:00(토·일 ~17:00)
Web 　www.grandpastore.se

우풋 베게나 세컨핸드
Uppåt Väggarna Second Hand

빼곡히 들어찬 빈티지와 레트로 아이템들로 가득한 가게이다. 제품이 너무 많아서 다소 산만한 느낌마저 들지만, 그마저도 조화로워 보이는 신비한 곳이다. 스칸디나비안 컵과 그릇 등 구경할 제품이 많으며, 빈티지 구스타브스베리 제품도 간간이 눈에 띈다. 무엇보다 저렴한 편!

쇠데르말름
Access 중앙역에서 지하철 17·18·19번 탑승 후
　　　　15분 소요
Add 　Rosenlundsgatan 1, 118 53 Stockholm
Open 　15:00~18:30(금 12:00~, 토 12:00~16:30)
　　　　/일·화 휴무

왕궁 Royal Palace

지금은 국왕이 드로트닝홀름 궁전에 지내지만, 그 이전에 대표 왕실로 쓰였다. 지금은 왕가의 업무나 외교를 담당하는 장소이며, 일부 접견실과 회의실 등은 일반인에게 개방된다. 특히 왕실 보물실(Royal Treasury)은 역사적인 왕가의 가보가 전시된 빠뜨리지 말고 봐야 할 화려함의 극치! 궁전 주변에는 화폐 박물관, 미술품 박물관 등 작은 박물관이 많다. 영어 가이드 투어도 가능하다.

감라스탄
Access 중앙역에서 도보 13분
Add 　Kungliga slottet, 107 70 Stockholm
Open 　10:00~17:00(시즌 별로 다름, 홈페이지
　　　　참고)/비수기:1월 1일·부활절 시즌·
　　　　12월 25일, 부정기 휴무
Cost 　왕궁+부속 박물관 160-180SEK
Web 　kungligaslotten.se

아크네 주니어
JR Work Shop / Acne Jr.

쇠데르말름 섬의 입구 근처에 있는 디자인 숍이다. 아크네 주니어 제품뿐만 아니라 귀여운 유아 용품과 장난감을 취급한다. 문을 여는 시간이 다소 짧고, 종류도 많지 않지만, 아크네 마니아라면 아이를 위한 특별한 선물을 준비해 보는 것도 좋겠다.

쇠데르말름
Access 센트럴에서 버스 2·55·76번 탑승 후
　　　　15분 소요
Add 　Hökens gata 8, 116 46 Stockholm
Open 　예약제 +46 8 20 70 05
Web 　www.jrworkshop.com

라브루켓 L:A Bruket Store Stockholm

스웨덴을 대표하는 친환경 화장품 브랜드. 본인의 건강과 자연 모두를 위해서 유독 오가닉과 친환경 제품에 관심이 많은 북유럽 사람들을 겨냥해 인기를 얻었다. 세계의 백화점과 유명 편집 숍에도 앞다퉈 입점하며 더욱 유명해졌다. 현지에서는 더 다양한 제품라인을 저렴한 가격에 만나볼 수 있는데, 오가닉 원료를 사용하면서 가격도 합리적이라 선물용으로도 인기를 얻고 있다. 깔끔한 화장품 용기 디자인에서 북유럽 감성이 물씬 느껴진다.

쇠데르말름
Access 센트럴에서 버스 2·55·76번 탑승 후
　　　　15분 소요
Add 　Hökens gata 8, 116 46 Stockholm
Open 　예약제 +46 8 20 70 05
Web 　www.jrworkshop.com

페이스 뷰티숍 Face Stockholm

색조 화장품으로 유명한 스톡홀름의 유명 화장품 브랜드. 국내의 유명 메이크업 아티스트들도 사용하는 질이 좋은 제품으로 유명해 선물용으로도 많이 구매한다. 추천 상품은 발색이 좋은 립스틱과 아이라이너, 그리고 수분 에센스 정도. 립스틱 하나에 약 3~5만 원 정도 예상하면 된다.

센트럴
Access 중앙역에서 도보 10분
Add 　Biblioteksgatan 1, 111 46 Stockholm
Open 　11:00~18:00(토 ~16:00)/일 휴무
Web 　www.facestockholm.com

비게달스 빈티지숍 Wigerdals Värld

이미 사용된 물건들이지만, 깔끔하게 정돈된 모습만 보아도 주인장이 얼마나 제품들을 사랑하는지 짐작이 되는 빈티지 전문 매장이다. 큰 가구들도 취급하지만, 아기자기한 그릇과 유리제품 등 여행자가 구매할 수 있는 작은 물건들을 다양하게 갖췄다. 가격대가 높지 않아 문턱이 낮은 빈티지 숍 중 하나다.

쇠데르말름
Access 중앙역에서 지하철 13·14번 탑승 후
　　　　10분 소요
Add 　Krukmakargatan 14, 118 51 Stockholm
Open 　12:00~18:00(토 11:00~15:00)/일 휴무
Web 　www.wigerdal.com

요한 & 뉘스트룀 Johan & Nyström

늦은 오후 방문하면 마치 펍에 온 듯 사람들끼리 흥겹게 어우러지는 분위기 좋은 카페다. 일러스트가 그려진 연두색 종이컵이 시그니처. 향긋한 커피 향과 커피를 내려주는 친절한 바리스타로 유명해 두터운 마니아 층을 형성하고 있다. 그 인기에 힘입어 몇 년 전부터 스웨덴 예테보리와 핀란드 헬싱키 등 북유럽 곳곳으로 지점을 확대하고 있다.

쇠데르말름
Access 중앙역에서 지하철 13·14번 탑승 후
　　　　9분 소요
Add 　Swedenborgsgatan 7, 118 48 Stockholm
Open 　07:00~19:00
Web 　www.johanochnystrom.se

그리지 스푼 Greasy Spoon

쇠데르말름 섬의 번화가를 약간 벗어나면 아는 사람만 아는 현지인들의 잇 브런치 카페가 나온다. 귀여운 달걀 프라이 네온사인이 시선을 잡아 끄는 이곳은 편안한 색감의 나무 인테리어가 돋보이는 따스한 분위기의 가게다. 아침식사부터 런치까지 간단한 식사를 즐기기에 좋으며, 오후에도 늦은 점심을 즐기는 현지 사람들이 꽤 많이 보인다. (팬케이크, 에그 베네딕트 등의 메인 요리 120-180SEK)

쇠데르말름
Access 중앙역에서 지하철 17·18·19번 탑승 후 15분 소요
Add Tjärhovsgatan 19, 116 28 Stockholm
Open 08:00~16:00(토·일 09:00~17:00)
Web www.greasyspoon.se

펫사운즈 Pet Sounds

펫사운즈는 스웨덴에서 가장 큰 중고 레코드 매장이자, 쇠데르말름 힙스터들이 모이는 음반 매장이다. 보기에는 조용하고 차분하지만, 뜻밖에도 전 세계 헤비메탈 록의 성지가 바로 북유럽이다. 북유럽의 유명 가수들도 단골로 찾는다고 하니 레코드 셀렉션이 출중함은 자타공인이다. LP의 아날로그 음악을 생생하게 느낄 수 있으니 레트로 감성 충전을 위해 들러보자.

쇠데르말름
Access 중앙역에서 지하철 17·18·19번 탑승 후 15분 소요
Add Skånegatan 53, 116 37 Stockholm
Open 목-금 11:00~18:00(토 ~16:00)/일 휴무
Web www.petsounds.se

스토리 호텔 Story Hotel

길에 들어서면 네온사인이 불을 밝히는 감각적인 호텔의 간판이 먼저 눈에 띈다. 오밀조밀 알차게 구성된 편안한 공간을 제공하는 스웨덴의 디자인 호텔로, 스톡홀름과 말뫼를 비롯해 3곳에 지점이 있다. 이곳의 바는 저녁에 칵테일을 즐기러 방문하는 현지인들도 많은 핫한 장소이니 한 번쯤 시간 내서 들러보는 것도 좋겠다.

센트럴
Access 중앙역에서 도보 12분
Add Riddargatan 6, 114 35 Stockholm
Cost 더블룸 1700SEK~
Web www.hyatt.com

날렌 Restaurang Nalen

19세기 콘서트 홀로 지어진 아름답고 우아한 건물로, 지금도 공연과 컨퍼런스가 열리는 곳. 하지만 공연 스케줄이 그리 많지 않은 편이라 건물 한편에 자리한 조용한 레스토랑에서 차분한 저녁 식사를 즐기기에 좋다. 전통 스웨디쉬 메뉴를 선보이는데, 메인 요리 가격이 약 200SEK로 우아한 분위기에 비해 합리적인 편이다.

센트럴
Access 중앙역에서 도보 15분
Add Regeringsgatan 74, 111 39 Stockholm
Open 11:00~15:00, 16:00~23:00
/ 일 휴무 (시즌별, 공연별로 상이)
Web www.nalen.com

블루베리 Blueberry Lifestyle

블루베리를 닮은 간판이 눈에 띄는 작은 건강 음식점. 과일 스무디와 재료를 농축해 만든 에스프레소 잔 크기의 샷 음료(대표적으로 진저 샷은 생강이 농축된 샷으로 기침이나 다이어트를 비롯해 건강에 좋아 서양에서 인기있는 음료다), 샌드위치 등을 판매한다. 대부분 재료를 유기농으로 사용하는 건강에 특화된 프랜차이즈로, 스톡홀름에 3개 지점이 있다.

센트럴
Access 중앙역에서 도보 15분
Add Grev Turegatan 15, 114 46 Stockholm
Open 07:30~19:00(토 10:00~17:00)/일 휴무
Web www.blueberrylifestyle.se

바사 뮤지엄 Vasa Museum

유니바켄 옆에 위치한 박물관으로, 비운의 배로 알려진 군함 바사호Vasa를 전시하고 있다. 바사호는 1625년 스웨덴에서 만들어진 후 스톡홀름 항구에서 첫 항해를 떠났지만, 두 번의 돌풍을 이기지 못하고 침몰했다. 당시 기술력이 부족했던 탓도 있지만, 과도하게 적재한 무기의 무게 또한 침몰의 원인이라고 한다. 침몰한 바사호는 333년 후에 인양과 복원 과정을 거쳐 거대하고 웅장한 배로 재건되었고, 지금 이곳에 남아 많은 이들에게 교훈을 전하고 있다.

유고르덴 섬
Access 중앙역에서 버스 69번 또는 트램 7번 탑승 후 25분 소요
Add Galärvarvsvägen 14, 115 21 Stockholm
Open 08:30~18:00/여름철 운영시간 및 크리스마스·새해 휴무일 홈페이지 참고
Cost 170-190SEK, 18세 이하 무료/스톡홀름 패스
Web www.vasamuseet.se

헤스트라 글러브스
Hestra Concept Store Stockholm

1936년부터 이어온 장갑 전문점. 긴 겨울로 유명한 북유럽에서 고품질의 가죽 장갑으로 유명한 브랜드다. 방한 성능이 뛰어날 뿐 아니라 착용감도 좋아 현지인들이 많이 찾는다. 가죽제품, 일상용, 스포츠용 등 기능에 따라 다양한 소재와 옵션을 갖추고 있으며, 색감과 질감이 매우 고급스러운 것이 특징이다.

센트럴
Access 중앙역에서 도보 12분
Add Norrlandsgatan 12, 111 43 Stockholm
Open 11:00~18:00(토 ~16:00/일 휴무
Web www.hestragloves.com

도시 INTRO [Stockholm]

국가명	스웨덴왕국 Kingdom of Sweden(Sverige)	수퍼마켓	이카ICA, 헴쾹Hemköp, 쿱Coop,
수도	스톡홀름Stockholm		코리안 푸드Korean Food(한인마트)
인구	약 970만명	공휴일	1월 1일새해 New Year's Day
종교	복음루터교70%,기타30%		1월 6일주님 공현대축일Epiphany
언어	스웨덴어		4월중 성 금요일 Good Friday
화폐	스웨덴 크로나 Kronor(SEK 1SEK=약130원, 2022년 07월 기준)		부활절 Easter
국가번호	(국제전화) +46		부활절 월요일 Easter Monday
비자	무비자 90일 체류가능(솅겐조약 가맹국)		5월 1일노동절 May Day
시차	-8시간(서머타임 적용 시 -7시간)		5월중 그리스도 승천일 Ascension Day
전원	220V, 50hz(한국과 전압은 동일, 여행시 변압기		6월 6일스웨덴 국경일 National Day
	없이 사용가능함)		6월 중 성령강림절 Whit Sunday
날씨	우리나라와 비슷한 사계절을 가졌으나, 여름은 더		하지 Midsummer's Day
	짧고 시원하며 겨울은 더 길고 온화하다.		11월 1일모든 성인의 날 All Saints' Day
	겨울에는 눈이 자주 온다.		12월 24,25일크리스마스 Christmas
여행하기 좋은 시기	4~10월(기온이 따뜻하고 낮이 길다),		12월26일복싱데이2nd Day of Christmas
	11~1월		12월 31일 새해 전날 New Year's Eve
	(겨울에는 북부에서 오로라 관찰 가능)		

물가 전체적인 물가는 약 한국의 2배 이상으로 특히 교통비와 외식비가 매우 비싼 편이다. 하지만 숙박비나 마트 물가는 생각보다 저렴하다. 한국에서 미리 환전해 신용카드와 현금을 함께 사용할 것. 하루 예산은 숙박비를 제외하고 최소 10~12만원 정도를 준비하는 것이 적당하다. 쇼핑이 목적이라면 7월 초와 연말 연초 세일 기간을 노리는 게 좋다.

스웨덴 관광청 www.visitsweden.com
스톡홀름 관광청 www.stockholmtown.com
한국대사관 Laboratoriegatan 10, 115 27
Stockholm(swe.mofa.go.kr / 전화: 08 5458 9400)

긴급 연락처 112

스톡홀름 교통
유럽에서 스톡홀름으로 이동하기

저가항공

대부분 유럽 도시에서 저가 항공으로 닿는다. 북유럽의 인접한 도시 외에는 저가 항공을 이용하는 것이 가장 편리하고 빠르며, 미리 예약할수록 가격이 저렴해진다. 코펜하겐, 헬싱키, 오슬로 등 북유럽 도시에서 저가 항공을 이용하는 경우 주로 스톡홀름의 아를란다 공항으로 도착한다. 주요 항공사로는 노르웨이 에어 셔틀, 이지젯, 라이언에어, 스칸디나비아 항공 등이 있다.

WEB 노르웨이 에어 셔틀 www.norwegian.no
이지젯www.easyjet.com/en
라이언에어www.ryanair.com
스칸디나비아 항공 www.flysas.com

기차

코펜하겐이나 오슬로에서 스톡홀름까지는 기차로 연결된다. 소요시간은 각각 5시간, 7시간정도. 비성수기에는 약 4~5만원 대에도 예약할 수 있어 비용적으로는 저가항공에 비해 낫다. 스톡홀름뿐만 아니라 말뫼, 예테보리 등 스웨덴 내 주요 도시와도 기차로 연결된다. 단, 성수기 야간열차와고속열차는 예약 필수.

WEB 스웨덴 철도 www.sj.se/en/home.html#/
남서부 지역 철도www.skanetrafiken.se

페리

핀란드의 헬싱키나 에스토니아 등에서는 페리를 이용하면 저렴하고 편리하게 이동할 수 있다. 북유럽의 바다를 가르는 크루즈 여행을 즐기며 숙박비까지 아낄 수 있어 유용하다. 대표적인 페리 회사로는 바이킹 라인Viking Line과 실야 라인Silja Line 등이 있다.국가 간 이동이므로 반드시 여권을 챙겨야 하며, 출발 시각 약 2시간 전에는 터미널에 도착해야 한다.

WEB 바이킹 라인www.sales.vikingline.com
실야 라인www.tallinksilja.com/book-a-cruise

스톡홀름 시내 들어가기

북유럽 최대 도시답게 스톡홀름에서 시내에 들어가는 방법도 가장 다양하다. 스톡홀름 주변에는 아를란다Arlanda, 스카브스타Skavsta, 브롬마Bromma, 베스테로스Västerås 등 총 4개의 공항이 있는데, 여행자는 주로 아를란다 공항 혹은 스카브스타 공항을 이용한다.

스톡홀름에서 북으로 약 40km 떨어진 곳에 위치한 아를란다 공항에서 시내까지는 공항버스, 급행열차, 교외전차 등의 교통수단으로 이어진다. 공항버스 플뤼부사르나Flybussarna가 가장 저렴하고 편리한 방법으로, 요금은 편도 기준 119SEK(홈페이지나 앱이용시 할인, 청년·65세 이상 99SEK, 15세 이하 무료), 스톡홀름 중앙역(시티버스터미널)까지 약 45분 소요된다. 도착층에서 나오면 정류장이 보이며, 시내에서 공항으로 향할 때는 버스터미널 3번 정류장에서 승차한다.

급행열차 아를란다 익스프레스Arlanda Express를 이용하면 중앙역까지 약 20분만에 닿는다. 단, 요금이 280SEK(학생·청년·65세 이상 150SEK, 17세 이하 무료)로 비싼 편. 교외전차펜델톡Pendeltåg은 공항 4·5터미널 사이에 위치한 스카이 시티 지하에서 탑승 가능하며, 시내까지 약 150SEK, 40분 정도 소요된다. 시내 교통카드인 액세스 카드를 사용하고자 할 때는 추가 요금 120SEK를 지불해야 하며, 액세스 카드는 공항 인포메이션 센터에서 구매할 수 있다.

스카브스타 공항은 스톡홀름에서 100km나 떨어져 있다. 시내까지는 플뤼부사르나Flybussarna공항버스 이용을 추천한다. 버스 티켓은 홈페이지에서 예매하는 것이 더 저렴하며, 기사에게 구매할 경우 편도 159SEK다. 스톡홀름 중앙역(시티 버스터미널)까지 약 80분 소요된다.

WEB   아를란다 공항 www.swedavia.se/arlanda
         스카브스타 공항 www.skavsta.se
         플뤼부사르나www.flybussarna.se
         아를란다 익스프레스www.arlandaexpress.com

스톡홀름 시내교통

스톡홀름 센트럴에서는 도보 이동이 가능하나, 스톡홀름 시내가 패 넓으므로 유고르덴, 쎕스홀멘, 쇠데르말름등 센트럴 이외 지역 및 근교에서는 대중교통 이용을 추천한다. 스톡홀름 시내 교통국인 SL(StockholmsLokaltrafik)에서 지하철 툰넬바나Tunnelbana, 버스, 트램, 교외 전차 펜델톡Pendeltåg 등을 운영한다. 모든 교통수단에서 교통카드인 액세스 SL Access카드를 이용 가능하므로 대형 역의 창구나 프레스뷔론 편의점 등에서 교통카드를 판매한다. 카드 발급 비용 20SEK에 별도로 이용 금액을 충전하면 된다. 75분간 대중교통을 자유롭게 이용 가능한 1회권 요금은 편의점이나 티켓 자동판매기에서 구매 시 39SEK, 창구에서 구매 시 65SEK, 교통카드 사용 시 30SEK 다.

정액권 형식의 트래블카드Travelcards도 엑세스 교통카드에 충전해서 사용할 수 있다. 가격은 24시간권 120SEK, 72시간권 240SEK, 7일권 315SEK으로, 매표소에서만 구매할 수 있으며 5존 이내의 버스·지하철·교외전차 등을 이용할 수 있다.

WEB   SL www.sl.se

Tip. GO City 스톡홀름 시티패스

스톡홀름 패스는 스톡홀름 대부분 관광지에 무료로 입장할 수 있는 관광지 전용 패스다. 1,2,3,5일 권 네 종류가 있으며, 가격은 각각 439SEK, 769SEK, 969SEK, 1259SEK. 가격이 비싼 편이라 박물관과 미술관을 많이 돌아볼 계획이 아니라면 본전을 뽑기 힘들다. 게다가 교통권은 포함되어있지 않아 따로 교통 트래블카드를 구입해야 한다. 방문 예정 관광지의 입장료를 모두 더해 비교해본 후 구매하는 것이 좋다. 홈페이지에서 구입할 수 있고, 디지털 패스라서, 국내에서도 인터넷으로 미리 살 수 있다.

WEB   www.gocity.com
패스 무료 입장 : 바사뮤지엄,노벨뮤지엄, 포토그라피스카,드로트닝홀름궁전,스카이뷰(전망대),스칸센,카날보트투어,바이킹 박물관 등

핀란드
헬싱키

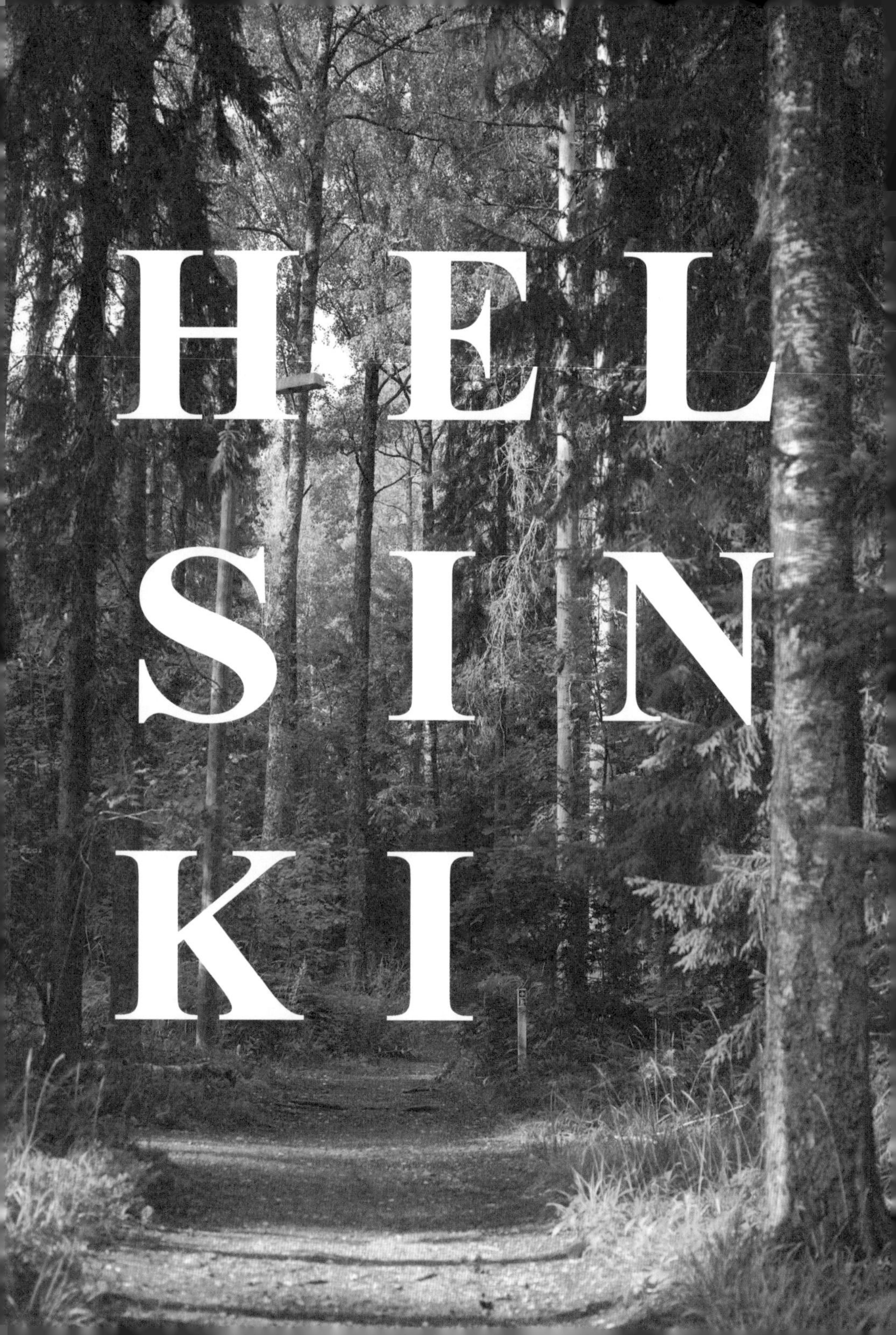
HEL
SIN
KI

헬싱키
"겉은 차갑지만 속은 따뜻한 디자인 도시"

이 도시의 첫인상은 널찍한 도로와 큰 건물들 혹은 시원한 바람 탓에 휑하게 느껴지거나 다소 차가워 보일 수 있다. 하지만 그건 헬싱키의 단편적인 모습만 본 것! 땅이 넓어 인구 밀도가 아주 낮은 탓에 조금은 낯을 가리지만 대화해보면 순수하고 정이 많은 핀란드 사람들을 닮은 사우나와 자작나무 숲은 여행객들도 현지인들도 따뜻하게 품어주는 곳이다.

헬싱키는 다른 북유럽 도시에 비해 역사가 비교적 짧고 젊은 도시 축에 속하는데, 건축, 미술, 디자인 등 세련된 젊은 감각의 볼거리가 아주 많거니와, 최고의 볼거리로 꼽히는 건 도자기류와 유리공예품들이다. 핀란드와 역사를 함께한 아름다운 공예품은 지금까지도 명성을 이어가고 있다. 또한 현재 유럽 내에서는 헬싱키가 떠오르는 미식 도시로 각광받고 있으니, 맛집 탐방 또한 빠뜨리면 서운하겠다.

시내 중심가를 비롯한, 노동자들이 주로 살던 지역이었지만 값싼 임대료와 자유로운 분위기에 예술가들이 모여들어 지금은 헬싱키의 젠트리피케이션 지역으로 대표적인 '깔리오'와 디자인 디스트릭트가 모여있는 '센트럴 남부 지역', 센트럴 북쪽에 신시가지처럼 개발된 '툴로 지역'까지 아직 숨은 헬싱키의 매력은 많이 남아있다. 스톱오버 도시로 유명한 헬싱키이지만 '진짜 헬싱키'를 만나기엔 3일도 부족하다!

Never Enough !

Tip1. 도시 곳곳에서 호수와 바다를 마주할 수 있는 물의 도시다. 핀란드어로 핀란드를 수오미Suomi라고 하는데, 그 어원은 호수와 습지를 뜻하는 핀란드어 'Suomaa'라고 하니 물과 떼려야 뗄 수 없는 관계임을 짐작할 수 있다.

Tip2. 핀란드는 여행 목적과 성격이 맞고, 북쪽 유럽에 위치하긴해서 편의상 '북유럽'으로불리지만, 엄밀히 말하면 스칸디나비안 반도에 위치한 스칸디나비아 나라는 아니라는 사실!

알바 알토 하우스
Alvar Aalto House

HELSINKI

Espoo
에스포

Kallio
칼리오

Töölö
툴로

REX

Helsingin
päärautatieasema
★ 중앙역

센트럴
(도심)

Esplanadi
공원

Kamppi

Kulttuurisauna

Kaapelitehdas
(Cultural
Centre)

Kaivo
-puisto
공원

뢰일리 Löyly

Suomenlinna

#1   숲과 호수와 바다의 나라 핀란드

숲과 호수, 그리고 바다. 핀란드를 이루는 가장 중요한 세 가지다. 핀란드와 자연은 떼려야 뗄 수 없는 관계다. 헬싱키에 도착하는 순간, 깨끗한 공기와 맑은 호수에 빠져버리게 될 것.

전형적인 고즈넉한 핀란드식 숲, 누크시오 국립공원 Nuuksio Kansallispuisto

최근 핀란드의 젊은 세대들 중에서는 야생 숲에서 버섯을 채취하는 것이 취미일 정도로 자연과, 특히 숲과 친밀하다. 영화 <카모메 식당>에서 버섯을 따러 갔던 숲이 바로 이곳 누크시오 국립공원이다. 2시간 정도의 가벼운 하이킹 코스부터 4시간 이상의 등반 코스도 있어 살아있는 자연 속에서 핀란드의 진정 깨끗한 공기를 느낄 수 있는 곳이다. 버스를 타고 하차하면 할티아 자연 센터Haltia-The Finnish Nature Centre 도 있는데 그 곳의 인포메이션 센터에서 다양한 루트를 추천 받을 수도 있고, 박물관 2층에서 핀란드 호수를 보며 나긋하게 커피나 식사(뷔페 1인당 약 20€)를 즐길 수도 있다. 게다가 캠프파이어를 위한 장작도 무료로 제공하므로 호숫가 근처에서 따듯한 불에 몸을 녹이며 숲을 즐길 수도 있다. 헬싱키에서 그리 멀지 않은 에스포 Espoo라는 도시 근처에 위치해있으니, 핀란드의 자연과 야생을 구경하고 싶다면 적합한 곳이다. 특히 여름엔 풀도 푸릇푸릇하고 야생 블루베리를 비롯한 베리류도 열매를 맺어 더욱 화사해지는데(개인적 용도로 취식 가능), 대신 모기와 벌레가 기승이니 꼭 벌레 퇴치제를 준비해 가자.

에스포

Access	헬싱키 중앙역에서 통근열차 탑승 후 에스포역 하차(약 35분 소요).
	버스 245번 탑승 후 종점 누크시온빠/할티아Nuuksionppa
	/Haltia하차(주말에는 버스 245A번 이용) / 버스는 약 40~50분 간격으로 운행
Add	Nuuksiontie 84, 02820 Espoo
Open	24시간
Cost	무료
Web	www.luontoon.fi
	www.outdoors.fi/nuuksionp

헬싱키 도심 속 휘바휘바,
카이보푸이스토 공원 Kaivopuisto(park)

도시 남쪽의 바다와 맞닿은 공원으로, 헬싱키에서 가장 오래된 공원 중 하나다. 규모가 커서 바닷길을 따라 산책이나 조깅을 즐기기에 제격이다. '현지인처럼 여행하기'를 실현할 가장 완벽한 공원. 해가 높이 떠 바다가 반짝이는 낮에 일광욕을 즐기는 것도 좋지만, 해 질 녘 바다를 바라보며 감상에 빠져보는 것도 좋다.

공원 안에 이미 너무 유명해진 카페 우르술라도 있고, 여행자들에게 덜 알려진 힙한 샴페인 바 카이보푸이스톤 마토라이투리Kaivopu istonMattolaituri(Ehrenströmsväg en 3a, 00140 Helsingfors)도 있다.

센트럴 남부

Access 중앙역에서 트램 2·3번 탑승 후 약 25분 소요
Add 00140 Helsinki

바다를 보며 산책하는 헬싱키 대표 마켓,
카우파토리 Kauppatori

헬싱키 바다를 앞에 둔 광장 마켓이다. 노천 시장이지만 싱싱한 채소와 과일을 깔끔하게 판매하고, 간단한 길거리 음식을 즐기기에도 좋은 명소다. 오후에는 전통적인 핀란드산 기념품을 판매하는 잡화 부스도 많이 열려 구경만으로도 즐거운 곳. 바닷가에서 길거리 음식을 먹을 때는 친근하지만 공격적으로 다가오는 헬싱키의 갈매기들을 항상 조심하자.

센트럴

Access 중앙역에서 도보 13분
Add Eteläranta, 00170 Helsinki
Open 08:00~17:00
Web www.freewalkingtourshelsinki.com

핀란드의 원조 사우나 SAUNA

우리나라보다 3배가 넘게 큰 핀란드 땅에 사는 인구는 고장 550만명 정도인데, 이런 핀란드 땅에 200만 개가 넘는 사우나가 있다고 한다. 주택과 별장에 사우나를 갖춘 것은 물론, 시내 아파트에도 신식 사우나 시설을 갖췄을 만큼 사우나는 핀란드인들의 생활의 일부다. 뜨거운 사우나의 열기를 견딘 뒤에는 차가운 바다나 호수에 몸을 담그며 말 그대로 온탕과 냉탕을 오가는데, 이렇게 함으로써 추운 날씨에 경직된 손과 발을 녹이고 혈액순환에도 도움이 된다고 한다.

헬싱키 랜드마크 사우나,
알라스 시 풀 Allas Sea Pool

헬싱키의 시내에 위치해 고풍스러운 유럽풍 건물과 바다에 둘러싸여 즐기는 신식 피니쉬 사우나! 알라스시 풀 사우나는 야외풀 겸 사우나로 여행중 여유 있는 수영을 좋아하고,핀란드식 사우나를 경험하고 싶은 여행자들은 교통도 좋고 큰데다 시설이 깨끗해 제일 손쉽게 들를 수 있는 사우나 중 한곳이다. 사우나나 풀을 들르지 않더라도 알라스 시 풀의 카페와 바는 헬싱키 바다를 바라보며 맥주나 따뜻한 음료를 즐길 수있어 시간을 내서라도 꼭 들러보길 추천한다! 사람이 꽤 많다는 것이 유일한 단점.

센트럴
Access	중앙역에서 도보 20분
Add	Katajanokanlaituri 2a, 00160 Helsinki
Open	사우나 06:30~21:00(금 ~22:00, 토 08:00~22:00, 일 09:00~21:00)
	레스토랑 11:00~21:00(금 ~22:00, 토 13:00~22:00)/일 휴무
	카페 09:00~24:00(금 ~02:00, 토 ~02:00, 일 10:00~22:00)
Cost	1인 약 18€/여름시즌에는 공연도 펼쳐진다(예약제,티켓 약 35€)
Web	www.allasseapool.fi

백야 사우나,
뢰일리 헬싱키 Löyly Helsinki

바다 바로앞에서 고즈넉한 힐링을 할 수 있는 조용한 사우나.레스토랑이 늦게 닫고 사우나 시설도 빨리 닫진 않아서 해가 늦게지는 백야에 저녁 사우나후 식사를 하면 더욱 좋은 곳! 예약이 필요하지만(필수는 아니지만 기존 예약인원이 많다면 입장불가) 소규모이고, 사우나에서 보는 바다 뷰가 너무도 평화롭고 아름다운 곳이다. '뢰일리'란 사우나에서 온도를 높이기위해 뜨거운 돌에 물을 붓는 행위라는 뜻이라고 한다. 진짜 핀란드식 사우나인 바다 수영과 사우나를 번갈아가며 즐길 수 있는 곳. 인공풀은 없고 바다 수영만 가능해 온도가 차가울 수 있다는게 단점이다.

센트럴 남부
Access	중앙역에서 트램3번 탑승후 15분 도보
Add	Hernesaarenranta 4, 0015
Open	사우나 13:00~22:00(월 16:00~, 금•토 ~23:00, 일 11:00~21:00)
	수•토 아침사우나 09:00~11:00 추가 운영
	레스토랑10:00~24:00(수~금 ~02:00, 토 ~02:00, 일 10:00~23:00)
	/월~토 22:00, 일 21:00 주문 마감
Cost	21€(수건포함) / 수영복 착용 필수
Web	www.loylyhelsinki.fi

+ 사우나 매너 & 팁

1. 사우나를 이용할 때는 종이 시트 혹은 수건을 깔고 이용하자.
2. 사우나의 온도가 낮다 싶으면 뜨거운 돌에 물을 뿌려 증기로 온도를 높인다. 이 때 물을 뿌리기 전 다른 사람들에게 동의를 구하는 것이 예의다.
3. 정통 핀란드식 사우나는 뜨거운 사우나와 차가운 바다와 호수를 번갈아 들어가기 때문에 심장이나 순환계통이 약하다면 주의해야 한다.
4. 슬리퍼와 수건을 챙겨가면 유용하다. 남녀 공용 사우나일 경우 수영복이 꼭 필요하다.
5. 수분을 자주 보충해야 한다.

#3 자작나무 숲을 닮은 고요한 디자인,
알바 알토 Alvar Aalto

핀란드의 국민 디자이너이자 건축가 알바 알토. 그의 간결한 건축 디자인과 유려한 곡선의 가구들은 핀란드의 자연환경에서 영감을 받았다. 북유럽 디자인을 사랑하거나 핀란드의 자연을 제대로 느끼고 싶다면 그의 발자취를 따라가 보는것도 여행의 또다른 재미가 될 수 있다.

알바 알토의 숨결이 깃든 집,
알바 알토 하우스 Alvar Aalto House

알바 알토와 그의 첫 번째 부인 아이노 알토가 살던 집을 공개해 놓은 알토 하우스는 부부가 직접 설계하고 인테리어한 2 층 집으로, 스칸디나비안 모더니즘의 시초로 여겨진다. 뒷마당이 아주 넓고, 작업실과 거실, 방 등 공간 구획이 잘 되어 있어 군데 군데 둘러보는 재미가 있다. 너른 창으로 빛이 잘 들어 소품과 가구들이 더욱 환하게 빛나는 따스한 공간. 지금 봐도 전혀 촌스 럽지 않을 정도로 현대적인 아름다움을 간직하고 있다. 센트럴에서 트램으로 20분 정도 거리로, 근처에 있는 알토의 스튜디오 Studio Aalto와 함께 방문하면 약 4€ 할인받을 수 있다. 두 장소 모두 홈페이지에서 예약한 후 가이드 투어로만 둘러볼 수 있다 (예약 필수).

뭉키니에미 Munkkiniemi

Access   중앙역에서 트램 4번 탑승 후 약 25분 소요
Add   Riihitie 2000330 Helsinki
Open   12:00~15:00(토-일 ~14:00)/월•공휴일 휴무
Cost   30€/헬싱키 카드 할인
Web   www.alvaraalto.fi

하늘이 보이는 서점,
아카데미아 서점 Akateeminen Kirjakauppa

헬싱키의 메인 스트리트에서 알바 알토가 직접 설계한 건물을 볼 수 있다. 거대한 서점이 들어선 이 건물의 특징은 하늘이 보이는 천창(천장 창문)을 가진 것. 하늘이 보여 시원한 동시에 자연의 빛이 은은하게 집안으로 들어오는 일석이조의 효과. 추운 핀란드에서 햇빛을 얼마나 소중히 여기는지 다시 한번 느낄 수 있는 건축 디자인이다. 서점에서는 무민 서적이나 엽서 등 여행자들이 관심을 가질 만한 기념품도 판매하고, 서점 2층에는 카페 알토가 있다.

센트럴

Access	중앙역에서 도보 7분
Add	Keskuskatu 1, Pohjoisesplanadi 39, 00100 Helsinki
Open	09:00~19:00(토 ~18:00, 일 11:00~17:00)
Web	www.akateeminen.com/fi/in-english

핀란드의 아름다움이 있는 카페,
카페 알토 Café Aalto

아카데미아 서점 내에 위치해, 헬싱키를 대표하는 카페 중 하나다. 헬싱키를 배경으로 한 일본 영화 <카모메 식당> 초반에 주인공 두명이 친해지는 장소로 등장한다. 아르네 야콥슨과 알바 알토가 각각 디자인한 '안트 체어'와 '골든벨 조명'이 무심한듯하지만 세련되고 아름다운 분위기를 내는 카페다. 관광객도 많이 오지만, 서점에서 구입한 책을 읽으며 오전 시간을 보내는 헬싱키 사람들도 자주 만날 수 있다. 브런치, 디저트, 커피등 모든 메뉴가 정갈하고 맛있는 편이다. 저녁에는 와인과 케이크 혹은 파이를 즐기며 하루를 정리하기에도 좋은 #헬싱키대표카페!

알바 알토의 숨결이 살아있는
헬싱키의 디자인 호텔,
호텔 헬카 Hotel Helka

알바 알토의 가구와 조명을 직접 체험해 보고 싶다면 꼭 가야 할 호텔이다. 알토의 시그니처와도 같은 밝은 자작나무를 이용해 만든 의자와 테이블, 조명, 선반 등으로 꾸민 북유럽 스타일 공간이다. 핀란드의 자연을 담은 사진들도 투숙객의 맘을 더욱 편안하게 만들어준다. 2006년 지금의 디자인으로 탈바꿈한 이후 비교적 관리를 잘 해온 덕에 깔끔한 분위기다. 조식도 다양하고 맛있어 레스토랑과 바도 추천할 만하다. 사우나도 갖추고 있어 핀란드를 직접 느끼기에 최적화된 호텔이다.

센트럴
Access	중앙역에서 도보 5분
Add	Pohjoisesplanadi 39, 00101 Helsinki
Open	09:00~19:00(토 ~17:00, 일 11:00~17:00)

센트럴
Access	중앙역에서 도보 15분
Add	PohjoinenRautatiekatu 23, 00100 Helsinki
Cost	더블룸 180€~
Web	www.hotelhelka.com

'새로움 그리고 미래'. 핀란드 디자인에 있어서 가장 중요하고 메인이 되는 키워드다.
스칸디나비아 도시들중 가장 어리고 젊은 헬싱키는 미래를 위한 지속 가능한 디자인
으로 나날이 변화하고 있다. 따끈따끈한 핀란드의 현대 디자인을 만나보자.

놀이터이자 공원인 미술관,
아모스 렉스 Amos Rex

스웨덴에 이어 러시아까지 이어진 700 년간의 긴 식민지배로부터 1917년 독립한, 핀란드는 새로운 시작을 위한 돌파구가 필
요했다. 그 방법의 일환으로 여러 건축가와 디자이너들에게 도시 정비와 건축을 맡기며 지금의 핀란드가 차츰차츰 완성되었
다. 시내 가장 중심부에 위치한 이 미술관의 토대는 1930년에 지어진 라스팔라치 빌딩이다. 헬싱키는 핀란드 기능주의 건축의
특징을 대표하던 이 빌딩을 없애지 않고 새로운 공간으로 탈바꿈 시켰다. 2018년 모던한 사립미술관으로 재개장해 새로운 랜
드마크가 되었다. 지하에 위치한 미술관은20세기 작품을 전시하고 그 위는 사람들이 자유롭게 거닐거나 뛰놀 수 있는 다목적
의 공용 공원이다. 시민들을 위한 곳으로 재탄생한 새로운 헬싱키의 얼굴이라 할 수 있다.

센트럴
Access   중앙역에서 도보 5분
Add   Mannerheimintie 22-24, 00100 Helsinki, Finland
Open   월-금 11:00~18:00(토-일 ~17:00)/화 휴무
Cost   성인 20€/헬싱키 카드
Web   www.amosrex.fi

스마트 도서관,
오디 Oodi

핀란드 사람은 세계적으로 책을 가장 많이 읽는다. 또 스마트 산업과 스타트업 시장에도 관심이 아주 많다. 이를 입증하듯이 핀란드는 독립100주년을 기념해, 20년간의 준비과정과 엄청난 예산을 투자하며 첨단 시설이 가득한 도서관을 만들었다. 햇빛이 들어오는 천장은 자연광으로 공간을 비춰 에너지 효율을 높이고, 책 읽기에도 편안한 조명을 제공해 온전히 독서에 집중할 수 있다. 거대한 터치스크린이 설치된 스마트 벽에서 책을 찾을 수 있고, 3D 프린터, VR체험실 등 미래를 위한 다양한 교육과 체험에 중점을 두고 있다. 3층은 전통적 도서관으로 10만권의 도서를 소장해 진정한 "읽기"에 집중한 곳이라 할 수 있다.

센트럴

Access   중앙역에서 도보 12분
Add   Töölönlahdenkatu 4, 00100 Helsinki, Finland
Open   월-금 08:00~21:00/토-일 10:00-20:00
Web   www.oodihelsinki.fi
Tip! 내부에 카페와 레스토랑, 영화관 등도 함께있는 복합 문화공간 같은 도서관이다.

핀란드 디자인의 역사,
디자인 뮤지엄 헬싱키 Design Museum Helsinki

과거 미술학교였던 건물을 사용한 곳으로, 1층에는 상설전, 2층에는 특별전이 주로 열린다. 알바 알토의 가구들을 비롯해 핀란드의 과거부터 현재까지의 다양한 유리 공예작품들을 만나볼 수 있다. 뮤지엄숍도 잘 갖춰져있고, 뮤지엄 내부 카페 또한 맛이 입증된 곳이다. 미술, 디자인 전공자거나 핀란드 건축에 관심이 많다면, 건축 박물관(SuomenRakennustaiteen Museo)에도 들러보길 추천한다. 볼거리가 아주 많고 도서관의 방대한 장서도 구경할 만하다.

센트럴

Access   중앙역에서 도보 15분
Add   Korkeavuorenkatu 23, 00130 Helsinki, Finland
Open   11:00~20:00(토-일 ~18:00)/월·공휴일 휴무(여름시즌 시간 상이)
Cost   12€/마지막 주 화요일 17:00 이후 무료/헬싱키카드
Web   www.designmuseum.fi

러시아와 스웨덴의 지배를 받은 탓에 그 역사의 흔적으로 남은 곳곳의 건축물과 동상들, 또 추운 날씨를 이겨내고자 발달한 실내 마켓과 복합 건물들, 헬싱키에 스톱오버로 머무르더라도 꼭 가봐야 하는 곳들! 공간속에 깃든 피니쉬Finnish의 기운을 느껴보자.

새하얀 헬싱키의 상징,
헬싱키 대성당
Helsingin Tuomiokirkko

새하얗고 깨끗한 헬싱키를 대표하는 랜드마크로, 루터란 대성당이라고도 불린다. 성당 앞의 세나테(원로원) 광장Senate Square에서 바라보는 대성당도 좋지만 대성당 앞의계단을 올라서 시티 뷰를 바라보면 탁 트인 광경에 가슴까지 시원해진다. 역사적으로나 종교적으로나 의미있는 성당으로, 1850년대 러시아 지배를 받을 당시 세워진까닭에 성당앞에는 당시 러시아의 황제 알렉산드로2세의 동상이 세워져있다.

센트럴
Access   중앙역에서 도보 10분
Add   Unioninkatu 29, 00170 Helsinki
Open   09:00~18:00(여름철 ~24:00)/부정기휴무
Web   www.helsinginseurakunnat.fi

단단한 아름다움,
템펠리아우키오 교회 Temppeliaukion Kirkko

이곳 역시 <죽기 전 꼭 봐야 할 건축물 1001>에 꼽힌 헬싱키의 현대 건축물이다. 일명 '암석 교회'라 불리는 이 교회는 티모와 투오모 형제가 1969년 건축했다. 말 그대로 암석 내부를 파내 공간을 만든 후 구리 선으로 돔을 만들어 유리로 창을 낸 건물이다. 화강암 암석 무늬로 인해 자연이 주는 신성함과 신비로움이 더 크게 느껴진다. 암석이 만들어 낸 동굴 내부의 천연 음향 시설이 워낙 뛰어나 종종 피아노 연주회 같은 공연이 열리기도 한다. 흐리면 흐린 대로, 비가 오면 비가 오는 대로 운치가 있지만, 천장의 유리를 통과한 햇살의 움직임까지도 보이는 햇살 좋은 날 방문하는 것을 가장 추천한다.

센트럴

Access	중앙역에서 트램 1·2번 탑승 후 11분 소요, 혹은 도보 15분
Add	Lutherinkatu 3, 00100 Helsinki
Open	10:00~18:00(입장 마감 16:50) / 겨울철 화요일 휴무,
	금~일요일 예배 시간에 관람객 방문 제한(시간 확인 요망)
Cost	5€/헬싱키 카드
Web	www.temppeliaukionkirkko.fi

함께하는 미술관,
키아즈마 현대미술관
Kiasma Museum of Contemporary Art

실용성과 아름다움을함께 지닌 현대미술관. 특이한 건축물로도 유명해 <죽기 전 꼭 봐야 할 건축물 1001>에 이름을 올렸다. 미국인 건축가 스티븐 홀Steven Holl이 미니멀리즘을 기초로 설계한 작품으로, 두 선이 만나는 교차점을 의미하는 키아즈마Kiasma/Chiasma라 이름 붙였다. 유리천장과 유리벽을 투과한 햇빛이 실내를 늘 따뜻하게 밝혀 바깥 풍경과의 조화가 더욱 아름답게 돋보인다.

미술관 주변은 만남의 장소로 유명한데, 건물 주변에서는 스케이트를 즐기는 젊은이들로 활기를 띠고 여름에는 건물 뒤 잔디 공원에서 휴식을 취하는 사람들이 많다. 미술관 자체로도 훌륭하지만, '공존'을 이뤄내는 훌륭한 건축물이기도 한 것. 미술관의 기념품 숍에서는 다양한 가격대의 기념품을 판매해 퀄리티 높은 문구류나 일러스트 엽서 등을 선물용으로 구매하기 좋다. 1층 카페는 간단한 식사와 음료를 판매해 근처의 직장인도 식사를 위해 들르니 점심시간 이용해 보는 것도 추천한다.

빠뜨리지 말아야할 헬싱키 로컬 마켓,
히에타라하티 마켓 & 플리마켓
Hietalahden Tori

다양한 식자재점과 음식점, 카페가 모여 있는 실내 마켓. 숙소에서 직접 요리해 끼니를 해결하는 여행자라면 식재료 구매를 위해 꼭 한 번 들러보자. 식재료 외에도 음식과 잡화, 앤티크 등 다양한 품목을 취급하며, 실내 마켓이라 추운 겨울의 북유럽에서 몸을 녹이며 구경할 수 있어 좋다. 핀란드를 배경으로 한 국내 영화 <남과 여>의 촬영 장소로도 알려져 있다.

또한 10월 말에서 4월 중순까지 겨울철을 제외하고는 주말 오전 10시부터 오후 4시까지 야외 빈티지제품 벼룩시장이 열린다. 비교적 저렴한 가격에 아라비아 핀란드, 이딸라 등의 중고 제품을 구매할 수 있다. 한정판 무민 머그컵이나 귀한 빈티지 그릇들도 종종 찾아볼 수 있는 노다지 마켓이니 너무 늦지 않게 가서 좋은 물건을 선점하는 것을 추천한다.

센트럴

Access	중앙역에서 도보 5분
Add	Mannerheiminaukio 2, 00100 Helsinki
Open	10:00~20:30(토 ~18:00, 일 ~17:00)/월·공휴일 휴무
Cost	18€/헬싱키 카드
Web	www.kiasma.fi/kiasma_en

센트럴

Access	중앙역에서 트램 6•6T•7•9번 탑승 후 15분 소요
Add	00180 Helsinki
Open	08:00~18:00(토 ~16:00)/일 휴무
Web	www.hietalahdenkauppahalli.fi

도심 속 에서 만나는 조용한 치유,
캄피 교회 KampinKappeli

캄피 교회는 2012년 세계디자인 수도 헬싱키의 프로그램중 하나로 건설되었다. 실제로 현지인들의 예배나 공연, 기도 등을 하는 종교적인 건물로 쓰이는 곳이다. 센트럴 한복판 캄피Kamppi쇼핑센터 광장 한편에 있는데다 관광지로도 유명해 일년에 50만명 이상의 방문객이 찾아오는 '아키텍처 랜드마크'다.

예배당 내부에 들어가면 너무 조용해서 작은 기침 소리 하나, 발걸음 소리하나까지 울리는데, 공간적으로 기도나 예배에 집중하기위해 극도로 조용해서 일명 "침묵의 교회"로 불리기도 하는 것이다. 또한 이 교회가 위치한 곳인 캄피 쇼핑센터는 백여개가 넘는 매장들이 있어 아주 거대하고, 내부에 시외버스 터미널이 있는데다가 주말과 공휴일에는 각종 집회나 공연이 열려 헬싱키에서도 가장 붐비는 곳 중 하나다. 이런 도심 한복판에 교회를 지은 이유는, 잠시나마 사람들이 기도할 수 있는 힐링 공간을 제공하기 위하여 건설되었다고 한다.

오일을 칠한나무로 만든 교회로, 핀란드인들이 사랑하는 공간인 사우나에 들어온듯 조용하고 잔잔한 나무 내음과 색이 마음을 안정시키고 긴장을 풀어주는 듯하다. 자연광이 주된 조명이라 인위적인 느낌이 거의 없는 건축물에서 조용함이 주는 힐링을 느껴보자.

센트럴

Access 중앙역에서 도보 5분
Add Simonkatu 7, 00100 Helsinki
Open 10:00~18:00
Web www.kampinkappeli.fi
Tip!일요일은 예배로 입장시간이 다르니 전화문의 요함(+358 50 5781136)

무민 종합 선물 세트,
무민 숍 Moomin Shop

쇼핑몰 포럼 2층에 자리한 '무민'의 기념품 숍. 거의 모든 여행자들의 필수 코스로 꼽힌다. 귀여운 무민 캐릭터로 만든 인형과 마그넷 등 기본적인 기념품부터 냄비 받침과 티스푼, 차에 이르기까지 다양한 굿즈들로 가득하다. 가게는 작지만 볼거리도, 살거리도 많아 잠시 들르는 것으로는 시간이 부족할 수 있다. 매장 곳곳에 할인 코너가 있으니 눈여겨보자. 매장의 태블릿으로 회원가입을 하면 약간의 할인을 받을 수도 있다. 헬싱키 반타공항에도 무민 숍이 입점해 있지만, 대체로 헬싱키 시내 지점보다 가격이 조금씩 비싼 편이다.

센트럴
Access   중앙역에서 도보 5분
Add   Mannerheimintie 20, 00101 Helsinki(포럼 맞은편 지점)
Open   10:00~20:00(토 ~19:00, 일 12:00~18:00)
Web   www.moomin.com

하얀 세월을 담다,
앤티크 & 빈티지 Antique & Vintage

헬싱키의 디자인은 앤티크 & 빈티지 숍에서 시작한다. 오랜 세월을 품었지만, 상태 좋고 멋스러운 핀란드의 가구와 도자기를 현지인들이 들르는 숍에서 만나보자.

피니쉬 빈티지 가구의 정수,
아르텍 세컨드 사이클 Artek 2nd Cycle

핀란드의 세계적인 디자인 가구 회사 아르텍Artek에서 운영하는 직영 빈티지 숍이다. 북유럽 디자인에 큰 획을 그은 알바 알토의 초기 디자인을 비롯한 방대한 빈티지 가구들을 만날 수 있다. 빈티지 가구는 다량 구입시에는 한국까지 해외 배송도 가능하므로 예산이 넉넉한 구매자라면 구매부터 배송까지 한 번에 해결할 수도 있다. 일주일에 단 2~3일만 오픈하지만, 인테리어와 가구에 관심이 많거나 관련 전공자라면 박물관 못지않은 컬렉션을 즐길 기회를 놓치지 말자.

센트럴
Access 중앙역에서 도보 13분
Add   PieniRoobertinkatu 4, 00130 Helsinki
Open   목-금11:00~18:00/ 이외에는 휴무
Web   www.artek.fi

빈티지숍의 교과서,
반하카알레 WanhaKaarle

칼리오 지역의 가장 유명한 빈티지 숍으로 친절한 브라질인 주인장이 운영하는 곳이다. 숍의 내부나 외관도 많은 이들이 머릿속에 떠올리는 전형적인 빈티지 숍에 가깝다. 귀엽고 알록달록한 레트로 아이템이 가득해 그냥 나오기 힘든 매장이다. 주인아저씨가 빈티지 무민 캐릭터의 팬이라 오래된 무민들을 많이 만날 수 있다. 많이 구입할수록 할인해 주며, 헬싱키의 빈티지 숍들 중 가장 정기적으로 운영한다.

칼리오

Access   중앙역에서 트램 3/9번 탑승 후 약 15분 소요
Add   Kaarlenkatu 12, 00530 Helsinki
Open   12:00~17:00(토 ~16:00)/일·월 휴무
Web   www.wanha-kaarle.business.site
Tip! 현금결제만 가능

진짜 오리지널 빈티지,
파사니 안티키 헬싱키 FasaaniAntiikkiHelsinki

아라비아 핀란드 빈티지 그릇과 알바 알토의 빈티지 가구, 약간 낡았지만 적당히 손때 묻은 '진짜'빈티지를 만날 수 있는 곳. 외관은 그리 크지 않아 보이지만 내부는 꽤 크고 많은 양의 제품들을 보유하고 있다. 최근, 북유럽 빈티지를 사랑하는 이들이라면 잘 아는 아라비아 핀란드의 살라salla, 페니카fennica, 루이자ruija등 다양한 빈티지 세라믹들을 구입할 수 있는 곳이다. 참고로 빈티지 컵보다 접시류가 더 많고, 비교적 좋은 가격에 판매한다는 장점도 있는 곳이다. 꽤 넓은 창고형 매장으로 찬찬히 살펴봐야 득템 할 수 있다.

센트럴 남부

Access   중앙역에서 트램 10번 탑승 후 약 15분 소요
Add   Korkeavuorenkatu 5, 00140 Helsinki
Open   11:00~18:00(토 ~17:00)/일 휴무
Web   www.fasaani.fi

묵직한 장인 정신 가득 담긴 핀란드의 공예품

핀란드의 자연을 소재로 한 평온한 디자인이 일품인 핀란드 디자인. 건축, 도자기, 가구, 패브릭, 소품까지
뛰어난 분야가 방대하다. 헬싱키 곳곳에서 그 빼어난 디자인을 직접 만나보자.

우아한 기하학적 무늬의 패브릭 소품,
요한나 굴릭센 Johanna Gullichsen Flagship Store

자체 제작한 두툼한 원단을 사용해 패브릭 제품을 만드는 패브릭 디자이너 요한나 굴릭센의 작업실이자 쇼룸이다. 직조 원단
으로 유명한 핀란드에서도 대표로 꼽힐 정도이니 퀄리티에 대해서는 설명이 따로 필요 없다. 내구성이 굉장히 뛰어나고, 파스
텔톤 기하학 패턴을 주로 사용하는 것이 특징. 여행자들은 파우치나 크로스백 등을 주로 구매한다. 꼭 구매하지 않더라도 세련
되게 정돈된 쇼룸은 둘러볼만한매력적인 공간.

센트럴

Access	중앙역에서 도보 11분
Add	Erottajankatu 1, 00130 Helsinki
Open	10:00~18:00(토 11:00~16:00)/일 휴무
Cost	가방100~150€, 파우치 25~70€
Web	www.johannagullichsen.com

<h1 style="text-align:center">북유럽 도자기 집합소,
이딸라 & 아라비아 디자인 센터 Iittala & Arabia Design Centre</h1>

핀란드 대표 유리제품과 도자기 제품 브랜드 이딸라와 아라비아의 박물관과 아웃렛이 함께 모여 있는 곳. 단 두 개의 브랜드로 출발했지만, 현재는 로얄 코펜하겐과 뢰스트란드 등 세계적인 도자 브랜드를 함께 소유하고 있다. 박물관에서는 이딸라와 아라비아 핀란드 과거 발전해 온 유수의 세라믹과 유리 작품들을 볼 수 있으며, 희귀한 라인들도 두루 구경할 수 있다. 아웃렛 제품은 시즌별로 자주 바뀌고, 인기 라인은 거의 보기 어려워 쇼핑이 목적이라면 일정의 여유가 있을 때에만 추천한다. 건물도 공간도 매력적인 부분이 많으며, 도자기 브랜드뿐만 아니라 핀레이슨의 패브릭 제품도 함께 판매한다.

또우꼴라

Access	중앙역에서 트램6/8번 탑승 후 아라비아카투Arabiakatu 하차 후 아라비아135 건물 오른쪽 건물 8층
Add	Hämeentie 135A 8th floor, 00560 Helsink
Open	07:00~20:00(토10:00~17:00)/일 휴무
Cost	박물관 7€
Web	www.arabia135.fi

<h2 style="text-align:center">메이드 인 핀란드,
로칼 갤러리 Lokal Gallery</h2>

영어로 '로컬 Local'이라는 뜻의 이름처럼 핀란드의 로컬 디자이너들의 작품을 소개하는 쇼룸. 한바퀴 둘러보면 핀란드 디자인 시장의 현재와 미래가 동시에 보이는 듯하다. 대부분 신인 디자이너들의 작품이지만, 전체적으로 완성도 있는 제품과 공예품을 선보인다. 그만큼 가격대는 높은 편. 이곳에서 판매하는 커피 맛 또한 뛰어나기로 유명하다.

센트럴

Access	중앙역에서 도보 13분
Add	Annankatu 9, 00120 Helsinki
Open	12:00~18:00(토 ~16:00)/일·월 휴무
Web	www.lokalhelsinki.com

it Area 디자인 디스트릭트 헬싱키 Design District Helsinki

핀란드 디자인을 한곳에서 모아볼 수 있는 헬싱키의 또 다른 매력 포인트. 200 여개가 넘는 인테리어 숍, 디자인 소품점, 카페, 레스토랑 등 다양한 스폿들을 모아 도시 자체적으로 꾸린 디자인 디스트릭트다. 아기자기한 핀란드의 디자인을 만나볼 수 있는 숍들은 입구에 '디자인 디스트릭트 헬싱키'의 스티커를 붙여 놓았다.

종이류 소품 매니아들의 공간,
페이퍼숍 Papershop

다양한 나라에서 온 디자인 문구류와 지류, 잡화 등이 가득한 문구점. 대부분 유럽이나 미주 지역에서 들여온 제품을 판매한다. 감각적으로 꾸며놓은 쇼윈도와 벽면 등은 사진 촬영용으로도 제격이며, 구석구석 아기자기하고 사랑스러운 공간이 많이 마련돼 있다.

센트럴

Access 중앙역에서 트램1·3번 탑승 후 12분 소요
Add   Fredrikinkatu 18, 00120 Helsinki
Open   10:00~17:00(토 11:00~15:00)/일·월 휴무
Web   www.papershop.fi

세련된 편안함의 디자인 카페,
모코 마켓 카페 & 스토어 MOKO Market Café

'디자인 놀이터'라고 칭하면 적절할 만한 장소다. 인테리어 매장이자 카페로 운영되는 이곳은 큰 공간에 인테리어 소품과 가구, 패브릭 제품을 적절히 배치해 신선한 공간을 만들어 냈다. 매장과 연결되는 공간에 브런치를 판매하는 카페와 주스 바를 열어 아늑한 공간에 쉬어가기 좋다. 무엇보다 오가닉 재료를 이용해 더욱 믿음직스러운 곳. 아이를 데리고 방문하는 젊은 부부부터 나이 지긋하신 손님들까지 다양한 사람들이 찾는다.

센트럴 남부

Access	중앙역에서 트램1•3•6T번 탑승 후 10분 소요
Add	Perämiehenkatu10, 00150 Helsinki
Open	10:00~17:00/토-일 휴무
Web	www.moko.fi

다양한 북유럽 디자인 소품들,
포레 헬싱키 Pore Helsinki

덴마크, 핀란드 등의 유럽 브랜드인Ferm Living, OYOY같은 아기자기하고 귀여운 인테리어 소품과 유아용품을판매하는 디자인 소품 편집숍이다. 매장은 작지만 구경할 거리도, 살 만한 것들도 너무 많은 알찬 매장이다. 가격대 저렴한 물건들도 다양하니 꼼꼼히 둘러보자.

센트럴

Access	중앙역에서 트램3•10번 탑승 후 12분 소요
Add	Korkeavuorenkatu 3, 00140 Helsinki, Finland
Open	10:30~18:00(토 11:00~15:00)/일 휴무
Web	www.porehelsinki.fi

핀란드식 공간 만들기 Pure Finnish Interior

핀란드에서는 일상에 스며있는 실용적인 인테리어 디자인을 지향하면서 그와 함께 자연에서 온 재료와 영감을 주로 이용한다. 화려하진 않지만 그만큼 수수하고 질리지 않는 게 가장 큰 장점. 길고 추운 겨울 때문에 집안을 꾸미는데 정성을 더욱 쏟게 된 핀란드에서는 다양한 디자인 숍과 양질의 인테리어 제품이 특히 많다.

휘바휘바 디자인,
살라카우파 Salakauppa

중앙역 근처, 귀여운 소품과 핀란드 공예, 디자인 제품을 판매하는 작은 가게이다. 핀란드 특유의 나무 소재로 만든 장난감부터 핀란드 모양의 동물 퍼즐 같은 특색 있고 창의적인 오브제등 작품급 퀄리티에 실용성까지 갖춘 제품들이 가득하다. 쇼윈도와 가게 입간판만 봐도 러블리한 분위기가 물씬 풍긴다. 가격이 만만치 않지만, 그냥 지나치기엔 아쉬운 감각 있는 가게다.

센트럴

Access 중앙역에서 도보 5분
Add   Postikatu 1, 00100 Helsinki
Open   수•금 13:00~18:00/그 외 휴무
Cost   소품 5~55€, 스툴210€~
Web   www.salakauppa.fi

패브릭으로 북유럽 공간 만들기,
라푸안 칸쿠릿 스토어 & 스튜디오 Lapuan Kankurit Store & Studio

헬싱키에서 가장 독특하고 개성 있는 패브릭 제품이 가득한 매장. 1917년 설립한 이후 4대째 이어지는 리넨 숍이다. 가격대가 그리 저렴하지 않지만, 리넨은 고급소재인데다가 고급스러운 파스텔톤 색감이 아름다워 집 꾸미기에 빠져 있는 이들은 빈손으로 지나치기 힘든 가게다.

센트럴

Access   중앙역에서 도보 10분
Add   Katariinankatu 2, 00170 Helsinki
Open   11:00~18:00(토 10:00~16:00,
         일 12:00~16:00)
Web   www.lapuankankurit.fi

더 나은 사회를 만드는 디자인 가게,
티카우 Tikau

트렌디한뉴트럴 톤으로 가득해 눈과 마음이 동시에 차분해지는 매장. 세련된 외관에 그냥 일반적인 인테리어 숍처럼 보일 수 있으나, 사회적인 NGO단체와 연계하여 디자인으로 가난한 나라 및 낙후된 지역사회의 구제를 도와주기 위해 협업하는 곳이다. 135명이 넘는 인도나 네팔 등의 지역 장인들과 연계하여 친환경적인 제품들을 만들고 있다. 패브릭 제품과 의류, 인테리어 용품 등을 판매하며, 인테리어 강국임을 다시 한번 일깨워주는 고급스러운 소재와 색감이 특징이다. 리넨 제품과 러그, 수납 용품 등이 인기 상품이다.

센트럴

Access   중앙역에서 도보 18분 혹은 트램 3번 탑승
Add   Korkeavuorenkatu 9, 00140 Helsinki
Open   11:00~18:00(토 ~15:00)/일·월 휴무
Web   www.tikau.com

중앙역옆에 있는 헬싱키 중앙 우체국은 여러 가지 면에서 여행자에게 유용하다. 북유럽에서 쇼핑 삼매경에 빠져 짐이 너무 늘어나버렸다면 헬싱키에서 국제 택배를 이용해 한국으로 보내는 것도추천한다. 헬싱키의 우체국은 북유럽 도시들 중에서 배송비가 저렴한 편이고, 국제 배송 속도도 대체로 빠르다. 택배용 박스(Parcel)도 다양하게 구비되어 있고, 영어로 의사소통도 잘 되는 편이다. 또한 함께 싸서 보낼 만한 무민 엽서나 봉투 등의 핀란드 기념품도 판매한다. (10kg 사과상자 정도의 크기가 약 70€)

MORE. 작은 시내, 큰 쇼핑몰들

인구도 적고 그리 크지않은 시내이지만 춥고 긴 겨울때문에 큰 쇼핑몰들이 잘 갖춰져있고 시설도 좋은 편이다. 맛있는 레스토랑들과 안락한 분위기의 카페들,대형 슈퍼마켓을 비롯한 소소한 로컬 공예품 숍들까지 은근히 갖출 건 다 갖춰 하루 종일 있어도 심심할 틈이 없는 헬싱키 쇼핑몰들을 만나보자.

헬싱키의 쇼핑 메이트,
스톡만 백화점
Stockmann Helsingin Keskusta

층층이 볼거리들이 가득한 핀란드의 오래된 백화점으로, 외국인은 10% 할인이 가능한 것이 큰 장점이다. 핀란드의 다양한 인테리어 용품도 할인 가능하니 마리메꼬와 아르텍, 아라비아 핀란드 등의 스테디셀러 모델이나 신상 디자인 제품을 구입하기 아주 좋은 쇼핑 스폿! 게다가 지하 수퍼마켓이나 식당가는 식재료 쇼핑과 점심식사를 하기에도 추천하는 곳이다. 40유로 이상 구입시 택스리펀이 가능하고, 백화점 8층 인포메이션 센터에서 여권 확인 후 외국인 10% 바우처를 받아 사용할 수 있다.(아크네,몽클레어 등몇몇 브랜드 제외)

센트럴
Access	중앙역에서 도보 5분
Add	Aleksanterinkatu 52, 00100 Helsinki
Open	10:00~20:00(토 ~19:00, 일 12:00~18:00)
Web	www.info.stockmann.com

하루 종일 보낼 수 있는 쇼핑몰,
캄피 쇼핑센터 KamppiHelsinki

캄피역에 연결된 6층에 달하는 대형 쇼핑몰로 다양한 식당과 카페, 쇼핑 스폿들이 모여있는 곳이다. 젊은 층에게 특히 인기 있는 센터인 만큼 망고, 볼트, 간트, 캘빈클라인등의 중저가 캐주얼 패션브랜드들도 많이 있고, 헴텍스Hemtex, 마리메꼬Marimekko 등의 인기 있는 현지 인테리어 용품점도 많다. 5층의 <호쿠Hoku> 라는 하와이안 일식 퓨전 레스토랑과 1층 <파파스Fafa's>팔라펠 전문점이 추천 식당이다.핀란드의 각 지방으로 연결되는 가는 대형 버스 터미널과 연결되어 있다.

센트럴
Access	중앙역에서 도보 8분
Add	Urho Kekkosen katu 1, 00100 Helsinki
Open	10:00~20:00(토 ~19:00, 일 12:00~18:00)/공휴일 휴무
Web	www.kamppihelsinki.fi

실속있는 가게들이 가득한,
포럼 Kauppakeskus Forum

1952년부터 생겨난 큰 쇼핑센터로 중앙역 근처에 있고 패브릭 브랜드 '마리메꼬', 스웨덴 인테리어 용품점 '그라닛'을 비롯한 북유럽 인테리어 숍들과 핀란드 브랜드인 '무민 숍', 카페 '피크닉' 등 크고작은 가게와 레스토랑이 많이 있다. 동선도 잘 짜여있어 구경하는데 아주 편리한 곳이다. 최소한 2번 이상은 들르게 되는 머스트-비지트 쇼핑센터.

센트럴
Access	중앙역에서 도보 5분
Add	Mannerheimintie 14~20, 00100 Helsinki
Open	10:00~20:00(토 ~19:00, 일 12:00~18:00)/공휴일 휴무
Web	www.forum.fi

커피 디스트릭트 헬싱키

핀란드인들에게 커피는 삶의 일부다. 지루한 오후를 깨우기 위해, 친구와 수다 삼매경에 빠지기 위해, 책을 읽기 위해 등 헬싱키 사람들이 커피를 마시는 이유는 다양하다. 여행의 단짝인 커피를 즐기는 #헬싱키_카페_투어!

헬싱키 오두막 카페,
카페 레가타 Café Regatta

다른 세상에 온듯한 풍경의 바닷가 바로 옆 작은 오두막 카페다.' 시나몬 롤'은 핀란드인(을 비롯한 북유럽인들)들이 사랑하는 음식이다. 오후 간식으로나 아침식사로, 커피와 함께 틈틈이 먹는다. 실제로 이른 오전 헬싱키 시내카페에 가면 할아버지, 할머니들이 시나몬 번과 커피 한잔으로 하루를 시작하는 것을 자주 볼 수 있다.

시나몬 번과 블루베리 파이 그리고 커피가 유명한 카페 레가타는 시내와 약간 떨어져 있지만 저렴한 드립 커피(약 2€)와 시나몬 롤(약 3€)이 아주 맛있다. 아기자기하게 꾸며진 내부와 바다가 보이는 외부 좌석도 여느 카페들과는 다른 특별한 매력이 있는 카페. 가장 헬싱키스러운#헬싱키_베스트_카페! 근처 시벨리우스공원 Sibeliuksenpuisto(도보10분)도 함께 둘러보면 좋다.

툴로
Access 중앙역에서 트램1•2•4•10번 탑승 후 20분 소요
Add   Merikannontie 8, 00260 Helsinki
Open   08:00~22:00

반짝이는 바다와 커피,
카페 우르술라 Café Ursula

50년 이상의 역사를 지닌 한적한 휴양지 같은 카페. 평일 아침에도 미팅이나 모임을 하는 핀란드 사람들로 붐비고 있었다. 여행객들에게는 영화 <카모메 식당>에 나와서 유명해진 곳 이지만 음식, 베이커리류도 다양해 현지인에게도 사랑받고 있다. 넓은 바다를 보며 먹는 커피와 음식은 어떤 여행자든지 기분 좋게 만들어준다. 따뜻한 날에는 야외 좌석도 추천한다. 카페가 자리한 카이보푸이스토 공원Kaivopuisto Park도 바다를 보며 산책하며 자신만의 반짝이는 휴가를 즐기기에는 더할 나위 없는 곳!

센트럴 남부

Access   중앙역에서 트램3번 탑승 후도보 10분, 약 25분 소요
Add   Ehrenströmintie 3, 00140 Helsinki
Open   09:00~21:00(금-토 ~23:00)

헬싱키 최고의 커피 로스터리,
카페센트랄렌 Kaffecentralen

핀란드도 북유럽의 국가답게 커피 소비로 항상 상위권을 차지한다. 그중 헬싱키의 프리미엄 커피 문화에서 선두로 여겨지는 '카페센트랄렌'! 커피맛이 진하고 신선하며,센트럴에 있는 2개이상의 지점 모두 현지인들이 많이들러 피카 타임을 즐기는 장소다. 군더더기없는 마크가 특히나 인상적인카페다.

센트럴

Access   중앙역에서 도보 13분
Add   Fredrikinkatu 59, 00100 Helsinki
Open   08:00~18:00(토 11:00~17:00)/일 휴무
Web   www.kaffecentralen.com

100년이 넘은 초콜릿 카페,
파제르 카페 Fazer Café Kluuvik

세계적으로 유명한 초콜릿 회사들도 헬싱키에서는 잘 자리 잡지 못한다. 그 이유는 1891년 창업한 핀란드 최고의 국민 초콜릿인 '파제르'가 있기 때문! 널찍한 본점 카페는 이용하기도 편안하고, 1900년대 초반 만들어진 바닥 장식과 조명도 그대로 유지되어 있어 은은한 고풍스러움이 베어나온다. 라테와 카푸치노도 맛있고, 핫초코와 부다페스트 케이크는 이곳의 인기 메뉴다. 아침 뷔페(약 15€)도 가성비 좋은 메뉴! 한편에 자리한 파제르 초콜릿들은 최고의 헬싱키 기념품이다. 늦게까지 영업하는 것도 장점이다.

귀여우면서 그럼에도 클래식한 카페,
카페 틴틴 탕고 Café Tin Tin Tango

벨기에의 유명 만화 캐릭터인 틴틴이 메인 테마인 카페. 캐릭터에 대해잘 알지 못하더라도 유니크한 분위기와 음식이 가격 대비 훌륭해 꼭 들러 볼 만한 곳이다! (오픈)샌드위치나 조식 플레이트, 초콜릿 치즈케이크, 브라우니 등을 비롯해 음식과 음료, 모두 만족할만한 퀄리티를 보여준다. 그래서 시간에 관계없이 현지인들도 많이 찾는 곳!(브랙퍼스트 및 런치 6~15€)

센트럴

Access   중앙역에서 도보 5분
Add   Kluuvikatu 3, 00100 Helsinki
Open   07:30~22:00(토 09:00~22:00, 일 10:00~20:00)
Web   www.fazer.fi

툴로

Access   중앙역에서 트램1•2번 탑승 후 12분 소요
Add   Töölöntorinkatu 7, 00260 Helsinki
Open   07:00~22:00(목-금 ~23:00, 토 09:00~23:00, 일 10:00~21:00)
Web   www.tintintango.fi

유럽에서 가장 핫한,
핀란드의 테이블 Helsinki Kitchen

해산물부터 고기류까지 다양한 식재료로 풍성하게 즐기는 핀란드식 만찬. 헬싱키는 유럽내에서 새로운 '미식도시'로 급부상하고 있다! 그만큼 트렌디하고 다채로운 헬싱키의 부엌을 구경해 보자.

120 년 전통의 시장,
올드 마켓홀 Vanha kauppahalli

100년이 넘은 헬싱키의 대표 재래시장으로, 마켓 광장 옆에 위치한 고풍스러운 건물이 눈에 띄는 실내 마켓이다. 편안하게 앉아 바다를 바라보며 맥주를 즐길 수 있는 세련된 펍부터 브런치 레스토랑, 싱싱한 해산물을 판매하는 가게, 고기나 통조림의 식재료를 파는 가게 등 구경거리가 가득하다. 그중에서도 점심시간이면 줄을 서서 먹는 작은 수프가게 소우파께이티에 Soppakeittiö 는 차가운 핀란드 날씨를 이겨내기에 가장 알맞은 식당이다.

센트럴

Access 중앙역에서 도보 10분
Add Eteläranta 125, 00130 Helsinki
Open 08:00~18:00/일 휴무
Web www.vanhakauppahalli.fi

오가닉의 풍성한 맛,
그뢴 Ravintola Grön

우리나라 사람들은 오가닉 음식 혹은 채식주의자용 요리라고 하면 일단 맛이 단순하고 먹을 것이 한정적이라는 편견을 가지는 편이다. 그뢴은 그런 생각을 뒤집을 수 있는 캐주얼 레스토랑이다! 미슐랭 1스타와 2017 핀란드 최고의 레스토랑으로 선정된적이 있을 만큼 자타 공인 헬싱키를 대표하는 식당이다. 많은 헬싱키 사람들이 추천을 하는 곳인 만큼 다양한 매력이 있는 곳이다. 편안하지만 고급스러운 분위기와 전통 핀란드음식을 기반으로 하고 로컬 식재료를 사용하지만 세련된 맛, 친절한 서비스까지 두루 만족스러운 레스토랑이다. 테이블이 많지 않은 식당이라 예약하길 추천한다. 북유럽 치고는 저렴한 가격도 매력적이다.

유서깊은 핀란드의 음식들,
씨 호스 Ravintola Sea Horse

1934년에 오픈한 전통적인 핀란드식 식사를 경험하기에 고즈넉한 레스토랑이다. 역사도 오래되고 고풍스러운 인테리어가 분위기를 더욱 아늑하게 만들어준다. 순록고기 스테이크나 생선 수프 같은 북유럽 전통 요리로 유명한데, 분위기로도 맛으로도 생각보다 동양인 관광객들에게 평이 좋은 곳이다. 현지인이나 관광객들 모두 많이 찾는 곳으로 피크타임에 방문 시 예약하길 추천한다.

센트럴

Access	중앙역에서 도보 14분
Add	Albertinkatu 36, 00180 Helsinki
Open	17:00~24:00/일~화 휴무
Cost	4코스 약 70€
Web	www.restaurantgron.com

센트럴 남부

Access	중앙역에서 트램 3번 탑승 후 약 15분 소요
Add	Kapteeninkatu 11, 00140 Helsinki
Open	15:00~24:00
Cost	메인요리 약 30€
Web	www.seahorse.fi

입이 쉴 틈 없는 핀란드표 간식 Simple Food

신선하지만 차가운 바람 때문인지 허기지고 따뜻한 음료가 자주 당기는 헬싱키. 조식을 든든히 먹은 뒤
점심시간이 지나고, 혹은 점심 식사를 놓쳐 출출할 때 등 여행중 간단히 먹기 좋은 심플푸드.

헬싱키에서 즐기는 노란 피크닉,
피크닉 카페 Picnic Cafe

노란 글씨의 피크닉 간판은 헬싱키 전역에서 볼 수 있을 만
큼 대중화된 프랜차이즈 카페다. 포럼이나 캄피 센터 내에도
있고, 편하게 들르기 좋아 현지인, 관광객 모두 많이 찾는 곳이
다. 샐러드나 수프, 베이커리류를 추천한다. 특히 핀란드식
전통 빵인 까르얄란삐라까Karjalanpiirakka와 수프로 핀란드
식으로 하루를 시작하는 것도 좋다!

핀란드식 로컬 햄버거,
헤스 버거 Hesburger Kamppi

1966년 난탈리에서 오픈한 핀란드산 식재료로 건강한 패스
트푸드를 만든다는 로컬 프랜차이즈 햄버거 브랜드이다. 오
가닉과 건강식을 선호하는 북유럽이지만 건강한 햄버거를
만든다는 이미지 덕분에 현지인들도 간단히 식사하기위해
많이 들른다. 실제로도 패스트푸드치고는 신선한 재료를 사
용하는 편! 가격도 적절해 한번 쯤 경험해 보기 좋은 곳이다.

센트럴
Access	중앙역에서 도보 7분
Add	Mannerheimintie 20, 00100 Helsinki
Open	포럼 내 지점 08:00~19:00(토~18:00,
	일 11:00~17:00)/지점마다 오픈시간 및 휴무 상이
Cost	간단한 음식및 커피 약 7€
Web	www.picnic.fi

센트럴
Access	중앙역에서 도보 8분
Add	Urho Kekkosenkatu 1, 00100 Helsinki
Open	11:00~22:00(금~토 ~01:00, 일 11:00~20:00)
Cost	치즈버거 세트 약 10€
Web	www.hesburger.fi

#Karjalanpiirakka (까르얄란삐라까)

이름이 어려운 이 핀란드 빵는 여행객에게는 호불호가 나뉘
지만, 현지인들은 자주먹는 간식으로 누룽지가 생각나는 오
묘한 맛의 빵이다. 실제로 가운데 부분이 흰쌀로 만들어진다

그냥 지나치기 어려운 빵냄새,
깐니스토 레이포모 Kanniston Leipomo

핀란드식 빵집! 특히 부드러운 번 종류가 아주 부드럽고 촉촉해 맛있다. 포장해서 숙소에서 조식으로 먹거나 언제든 들러 커피 한 잔과 향긋한 시나몬 롤을 즐기기도 좋은 곳! 기본 빵과 샌드위치 등 모든 빵의 맛이 뛰어나다. 헬싱키내에 지점이 7개 이상 있지만, 프랜차이즈답지 않게 매장마다 제각각 독자성을 유지하는 분위기다. 지점이 꽤 있는 편이니 검색 후 근처 지점을 방문하자.

든든하고 건강한 야식,
파파스 Fafa's Iso Roba

얼마 전부터 유럽에서 계속 인기있는 중동 음식 팔라펠 전문점이다. 팔라펠은 병아리콩과 채소, 향신료 등이 함께 들어간 튀긴 볼을 케밥처럼 (매장에 따라 고기도 함께) 빵과 함께 먹는 음식이다. 보통은 부리토나 햄버거같이 빵에 싸서 간편하게 먹는다. 여행자 입장에서는 저렴한 가격에 건강한 재료로 만든 맛좋은 음식으로 허기를 채울 수 있어 좋다. 이소 로바 Iso Roba 지점을 추천하지만 캄피 센터 내에도 지점이 있다. 늦게까지 문을 여는 것도 장점!

센트럴 남부

Access	중앙역에서 트램 3번 탑승 후 20분 소요
Add	Kankurinkatu 6, 00150 Helsinki
Open	07:30~18:00(토 09:00~15:00)/일 휴무
Web	www.kannistonleipomo.fi

센트럴

Access	중앙역에서 도보 13분
Add	Iso Roobertinkatu 2, 00120 Helsinki
Open	이소 로바 지점 10:30~23:00(수~토 ~02:00, 일 11:00~23:00)
Cost	단품 약 10€
Web	www.fafas.fi

White Nights

헬싱키의 하얀 밤

북유럽 북부에 비해 완벽한 백야는 아니지만 여름에는 거의 밤 11시까지 밝기도 해서 나름대로 신비한 여름밤 체험이 가능한 헬싱키! 이럴때 여행자들의 호기심을 충족시킬 스폿들을 소개한다.

바다를 바라보며 칵테일 한 잔, 홀리데이 바 Holiday Bar

우스펜스키 성당 아래의 바닷가 앞에 자리한 널찍한 바. 칵테일을 즐기기 좋은 완벽한 뷰와 바깥 자리가 마련된 곳으로, 여름에 방문한다면 헬싱키의 백야를 보내기 더없이 좋은 곳이다. 포케 볼(하와이안 덮밥)등의 지중해식과 하와이 스타일 음식도 맛이 좋다. 겨울에는 오픈하지 않고, 4월부터 여름까지만 오픈하니 일정에 참고하자. 대관 이용 시 이용 불가.

저녁에도 즐길 수 있는 우아한 브런치, 룽기 Lungi Kortteliravintola

올데이 브런치를 즐길 수 있는 분위기있는 레스토랑. 브레이크 타임 없이 운영하고, 오픈 시간이 길다. 편한 시간대에 리조토, 스테이크 등의 식사와 함께 칵테일이나 와인, 맥주를 즐기기 좋다. 가격은 약간 비싼 편이지만 음식의 질이나 서비스가 좋아 방문할 가치가 있는 곳이다. 여름 시즌에는 연장영업해서 24시에 닫는다.

센트럴

Access	중앙역에서 도보 12분
Add	Kanavaranta 7, 00170 Helsinki
Open	화~목 16:00~24:00 (금~토 16:00~04:00)/월, 겨울철 휴무
Web	www.holiday-bar.fi

센트럴 남부

Access	중앙역에서 트램 3번 탑승 혹은 도보 18분
Add	Korkeavuorenkatu 2, 00140 Helsinki
Open	12:00~22:00(토 13:00~, 일 13:00~17:00)/ (시즌별 상이)
Cost	메인 요리 단품 약 27€
Web	www.lungi.fi

헬싱키는 시내 크기에 비해 호스텔부터 특급호텔까지 갖가지 레벨로 다양하게 준비된 편이다. 그리고 디자인이 훌륭한 체인 호텔이나 부티크 호텔들도 많다. 하지만 시원한 여름 덕분에 유럽 및 러시아에서 아주 많은 관광객들이 모이기 때문에 방이 재빠르게 모두 찬다는 사실을 잊지말자. 또한 보통 아시아 관광객들은 서유럽으로 가는 길에 스톱오버로 많이들 헬싱키에 들르는데,이럴때는 무조건 반타 공항에 가기 쉬운 중앙역 근처에 머무르는 것을 추천한다. 그 이유는 헬싱키에는 유럽 특유의 돌바닥이 아주 많아 트렁크를 끌기가 좀처럼 쉽지 않기 때문이다.

힙스터 호텔,
Hotel F6

생긴지 얼마 되지 않은 현대적인 호텔이다. 헬싱키에서 대표적인 초록초록한 공원 에스플라나디Esplanadi가 2분도 채 안되는 거리에 있어 더 힐링할 수있는 곳! 또한 호텔 내의 인기 있는 바와 레스토랑이 매력적이고, 바닷가와 센터가 모두 가까워 헬싱키를 여유롭게 즐기기 아주 적합한 부티크 호텔이다.

센트럴
Access 중앙역에서 도보 10분
Add   Fabianinkatu 6, 00130 Helsinki
Cost   더블룸200€~
Web   www.hotelf6.fi

가성비 좋은 잠자리,
오메나 호텔 Omena Hotel

사과가 그려진 귀여운 간판에서 알 수 있듯, 핀란드어로 '사과'라는 뜻의 호텔이다. 사과 빛깔처럼 붉은 빛을 띠는 내부가 강렬한 인상을 준다. 핀란드에서 유명한 무인 호텔 체인으로, 객실이 아주 넓으면서 저렴한 것이 큰 장점이다. 게다가 조금의 추가 비용으로 엑스트라 베드로 교체할 수 있으니 3~4인 가족이 머무를 저예산 호텔로도 제격. 센트럴에는 두 개의 지점이 있다.

센트럴
Access 중앙역에서 도보 12분
Add   Lönnrotinkatu 13, 00120 Helsinki
Cost   더블룸80€~
Web   www.omenahotels.com

Tip! 호텔 1층의 Kotipizza는 헬싱키의 가성비 높은 피자 맛집! (헬싱키 센트럴에 4개지점이 있다.)

수오멘린나 요새 Suomenlinna

헬싱키에서 페리로 20분 정도 떨어져 있는 18세기의 요새로, 그 역사적 의미와 건축적 아름다움을 인정받아 1991년 유네스코 세계문화유산으로 지정됐다. '핀란드인들의 요새'라는 이름에서 알 수 있듯(핀란드어로 핀란드를 수오미Suomi 라 한다.) 그동안 핀란드를 지켜온 가장 중요한 건축물이다. 4개의 섬 안에는 요새 박물관, 장난감 박물관, 베시코 잠수함 박물관, 교회 등 4~5개의 건물이 곳곳에 있다. 레스토랑과 브루어리도 있어 간단한 끼니를 해결할 수 있다. 섬 안의 카페 바닐레Café Vanille는 누구나 만족할 만한 편안한 카페!페리가 밤까지 다니지만, 겨울에는 해가 짧으니 안전을 위해 해가 지기전에 다녀오길 추천한다.

수오멘린나

Access	마켓광장(카우파토리)에서 HSL 페리 탑승 후 약 20분 소요(20분 간격 운항)
Add	00190 Helsinki
Open	요새 06:00~02:00 (페리 운행 시간 동안 입장 가능)/공휴일 휴무 박물관과 그 외 부속건물들은 매일, 시즌별로 다름,홈페이지 참조
Cost	수오멘린나 요새(섬)입장은 무료 /박물관 약5~10€/헬싱키 카드
Web	www.suomenlinna.fi

니데 서점 NIDE KirjakauppaOy

작은 매장이지만, 읽을거리와 볼거리가 가득한 서점이다. 잡지와 포토북, 에세이 등ѕ둥글고 트렌디한 감각으로 선별해놓은책들과 함께 각각의 사연을 담고 있는 고서적, 소소하게 보면 좋을 사진집 등 특별한 책들도 전시해 놓았다. 책과 함께 지도류와문구류 등 헬싱키 사람들의 취향을 반영하는 귀여운 상품들이 많다.

센트럴

Access	중앙역에서 트램3•6T번 탑승 후 10분 소요
Add	Fredrikinkatu 35, 00120 Helsinki
Open	11:00~18:00(토 ~17:00)/일 휴무
Web	www.nidekauppa.fi

무민 월드
Moomin World / Muumimaailma

토베얀손의 무민 캐릭터를 이용해 만든 공간들 중 가장 하이라이트, 무려 섬 하나를 모두 무민 월드로 꾸며놓은 것. <즐거운 무민 가족> 동화의 배경인 무민 밸리의 무민의 집과 공방, 우체국, 캠핑장, 극장까지 온 마을이 핀란드의 자연 속에 어우러져 테마파크로 재현했다.
무민 월드는 핀란드의 옛 수도인 투르쿠Turku에서 가까운 난탈리Naantali 섬에 있어 헬싱키와는 다소 먼 거리다. 따라서 투르쿠를 핀란드의 마지막 여행도시로 삼아 무민 월드를 보고난 뒤 페리를 타고 스웨덴의 스톡홀름으로 이동하거나, 반대로 스톡홀름에서 핀란드의 첫 도시로 투르크에 들어오는 등의 여행 동선을 짜는 것이 좋다. 페리나 기차 등을 갈아탈 때는 꼭 시간표를 꼼꼼히 확인해보자.

난탈리

Access	투르쿠마켓광장 옆 10번 정류장에서 6•7•7A번 버스 탑승, 종점 하차 후 도보 약 20분 (투르쿠 시내 교통권 사용 가능, 대중교통 3회 이상 이용 시 24시간권이 더 유리하다)/마켓광장 건너편 소코스 호텔 앞에서 무민월드행 셔틀버스 탑승 (6.50€, 어린이3.50€/하루 1~4회 운행). 돌아오는 버스는 하차 장소에서 15:00~19:00 매시 출발(시간은 시즌에 따라 달라 지므로 홈페이지나 인포메이션을 참고하자)
Add	Kailo, 21100 Naantali
Open	6월 초~8월 말 10:00~17:30 (8/13~8/26 12:00~) /2월에 한정 오픈하는 경우도 있으니 홈페이지 참고
Cost	원데이 티켓 32€(홈페이지 예약시 28€)
Web	www.muumimaailma.fi

호텔핀 Hotel Finn

시내 중심가에 위치한 호텔. 중앙역과 가깝다는 것이 최고의 장점으로 꼽힌다. 객실 디자인도 깔끔하고, 가격도 저렴해 여러모로 무난하다. 단, 한 가지 조식이 없다는 건 유일한 단점이다.

센트럴

Access	중앙역에서 도보 6분
Add	Kalevankatu 3B, 00100 Helsinki
Cost	더블룸130€~
Web	www.hotelfinn.fi

마리메꼬 팩토리 아웃렛
Marimekko Herttoniemi Factory Outlet

마리메꼬 본사의 아웃렛 매장! 평소 마리메꼬정상가에서20~50%까지 할인하는 매장이다. 우니꼬같은마리메꼬의대표적인 패턴은 찾기 힘들지만 간혹 득템의 기회가 있는 곳이다. 패브릭은 그래도 종류가 꽤 많으니, 인테리어용 천을 사기에는 좋다. 인기라인 제품은 드물지만 매장이 넓어 꽤 다양한 제품을 보유하고있다. 또한 마리토리(RavintolaMaritori)라는 직원식당은 평일 오전과 점심에만 여는데(10:30~14:00), 음식도 맛있고, 마리메꼬 식기와 테이블웨어로꾸며져있으니마리메꼬 팬이라면 꼭 들러보자!

센트럴

Access	중앙역에서 지하철 M1•M2호선 탑승 후 약 25분 소요
Add	Kirvesmiehenkatu 7, 00880 Helsinki
Open	10:00~18:00(토 ~17:00, 일 12:00~18:00)
Web	www.marimekko.com

에이링 Eiring

주방용품 천국이라 불리는 곳. 반짝반짝 빛나는 냄비와 팬, 다양한 키친툴이 빼곡히 갖춰져 있는 매장이다. 유럽의 전지역에서 온 조리기구와 베이킹 도구, 커피 용품을 두루 비교해 볼 수 있어 편리하다. 커피나 식재료를 함께 판매해 요리나 베이킹에 관심이 있다면 매장을 방문해보자.

센트럴

Access	중앙역에서 도보 15분
Add	Korkeavuorenkatu 15, 00130 Helsinki
Open	10:00~18:00(토 ~16:00)/일 휴무
Web	www.eiring.fi

스키페르 SkifferErottaja

헬싱키의 피자맛집. 기존의 동그란 모양이 아닌 럭비공을 닮은 타원형피자를 만드는 곳이다. 직접 만든 화덕피자를베이스로 파인애플, 무화과, 딸기 등의 다양한 종류의 신선한 토핑을 추가하는특색있는 피자를 판매한다. (물론, 과일토핑이 아닌 무난한 치킨피자 같은 메뉴도 있다.) 치즈를 사랑하는 핀란드인들이 자연스레 사랑하게 되는 곳이다.

툴로

Access 중앙역에서 도보 10분
Add   Erottajankatu 11, 00130 Helsinki
Open   11:00~20:00(금 ~21:00, 토 12:00~21:00,
        일 13:00~20:00)
Cost   피자 약 20€
Web   www.skiffer.fi

우스펜스키 대성당 UspenskinKatedraali

핀란드가 러시아 지배하에 있던 시절 지어진 성당으로, 북유럽 국가들 안에서도 가장 큰 정교회 성당이다. 비잔틴 슬라브 양식의 붉은 벽돌과 파란 하늘이 어우러져 아름다운을 뽐내지만, 러시아의 지배를 받던 핀란드의 아픈 기억이 스며 있다. 성당 내부에서는 플래시 사용 금지.

센트럴

Access 중앙역에서 도보 20분
Add   Kanavakatu 1, 00160 Helsinki
Open   09:30~19:00 (토 10:00~15:00,
        일 12:00~15:00)/월 휴무 비수기와
        토요일은 오픈 시간 축소

요한 & 뉘스트롬 Johan&Nyström Kanavaranta

빈티지하고편안한 분위기가 친구집아지트 다락방 같은 느낌을 주는 카페. 스웨덴의 유명한 카페의 헬싱키 지점이다. 한적한 바닷가 옆에 자리하고 있지만 인기가 많은 곳이라 점심시간이나 이른 오후에는 사람이 붐비는 편이다. 현금결제는 불가능하고 카드결제만 가능하다.

센트럴

Access 중앙역에 도보 16분
Add   Kanavaranta 7C-D, 00160 Helsinki
Open   08:30~19:00(토10:00~20:00,
        일 10:00~18:00)
Web   www.johanochnystrom.fi

아리카 Aarikka Shop Esplandi

1954년 탄생한 핀란드 공예&디자인 회사. 나무로 다양한 공예품을 만들어 판매하는 북유럽의 대표적인 공예품 브랜드다. 장식품부터 주얼리까지 다양한 제품 라인을 보유한다. 나무로 조각한 제품들은 보기 편안한 디자인에 훌륭한 퀄리티를 갖춘 인테리어용으로 적절하다. 사진 찍을만한 귀여운 아이템들이 매장 구석구석 많아 구경하는 재미가 있다.

센트럴

Access 중앙역에서 도보 8분
Add   Pohjoisesplanadi 27,00100Helsinki
Open   11:00~18:00(토 10:00~16:00)/일 휴무
Web   www.aarikka.com

엘리펀트 커피&와인바 El Fant Coffee & Wine Bar

헬싱키 대성당 근처의 구시가지에 있다. 크지않은카페지만 커피와 오픈 샌드위치맛이 훌륭해 간단한 식사를 즐기기도 추천하고, 커피 혹은 와인 마시며 쉬는 장소로도 적합한 곳이다. 커피는 헬싱키 유명 로스터리'굿 라이프 커피'의 원두를 사용하며, 오너는 칼리오지역핫 카페, 싸뷔Sävy와 같다. 깊은 풍미의 커피를 마실때 가게앞을 지나는 트램을보고있으면 헬싱키에 온게 더욱 실감나는 감각적인 공간이다

센트럴

Access 중앙역에서 도보 10분
Add   Katariinankatu 3, 00170 Helsinki
Open   08:00~18:00(토 10:00~, 일 11:00~15:00)
Web   www.elfant.info

캄프 갤러리아 Kämp Galleria

앞서 소개한 쇼핑센터들보다는 조금더 고급스러운 컨셉의 쇼핑몰이다. 헬싱키에서 가장 번화한 거리에 위치해 여유롭게 쇼핑하거나 휴식하기 좋은 곳. 현재 헬싱키에서 핫한 니데 서점과 카페 쿠마 등을 비롯해,코스, 휴고보스, 마리메꼬, 유기농 화장품숍 등 취향 좋은 많은 매장들이 있다. 이 쇼핑몰 바로 옆에는 글로 호텔 클루비Glo Hotel KLUUVI와 호텔 캠프Hotel Kämp가 위치한다. 두 호텔 모두 추천 부티크 호텔!

센트럴

Access 중앙역에서 도보 5분
Add   Pohjoisesplanadi 33, 00100 Helsinki
Open   09:00~20:00(토 ~18:00, 일 11:00~18:00)
        / 공휴일 휴무
Web   www.kampgalleria.fi

마마 로사 Mamma Rosa

북유럽은 생각보다 전통적으로 유명한 요리는 많이 없다. 하지만 그대신 이탈리안이나 프렌치 등의 유명한 유럽요리를 자신들만의 방식으로 재해석한 곳들이 다양하게 있어, 여행객으로서는 익숙한 요리들이지만 더 현지화된 음식을 또 색다르게 즐길 수 있다는 좋은점이 있다. 툴로 지역에서 인기있는이 레스토랑 또한 이탈리안 스타일의 음식을 판매한다. 하지만 시푸드나 핀란드 음식도 함께 제공하는 퓨전스타일이라 한번쯤 경험해보길추천한다. 와인리스트도 훌륭하다.

툴로

Access 중앙역에서 트램1•2번 탑승 후 14분 소요
Add   Runeberginkatu 55, 00260 Helsinki
Open   11:00~23:00(월 ~21:15, 토 13:00~03:30,
        일 13:00~20:30)
Cost   점심코스 약 45€ / 피자약20€
Web   www.mammarosa.fi

포름베르크 Formverk

깔끔한 디자인의 북유럽 인테리어 용품 매장으로, 가격대는 좀 있지만 퀄리티 좋은 멋진 디자인의리빙 용품들이 많다. 소품부터 대형 가구까지 다양한 제품을 두고 있는데, 소품은 비교적 저렴하게 판매하는 편. 초여름과 겨울 세일 시즌에 방문하면 우리나라에서 구매하는 것보다 저렴한 가격에 북유럽의 인테리어 소품을 구매할 수 있다.

센트럴

Access 중앙역에서 트램3•6T번 탑승후
        10분 소요
Add   Iso Roobertinkatu12-14, 00120 Helsinki
Open   10:30~18:00(목 ~14:00, 토 11:00~15:00)
        /일 휴무
Web   www.formverk.com

크루우나Kruuna

프리미엄 북유럽 빈티지 숍.북유럽 빈티지 제품을 모으는 콜렉터들이 많아지고 있지만, 제품에대해 잘 모르거나 처음 빈티지에 입문하는 사람들은 헷갈릴 수밖에 없다. 이 매장은 수준있는 제품부터 디자이너는 잘 알려지지 않았지만 디자인이 뛰어난 빈티지 가구와 소품들을 잘 선별해 정리해 놓았다. 주인의 뛰어난 감각이 있어 현지인 단골이 많은 가구점으로, 그만큼 믿을만한 빈티지 숍이다. 가격은 약간 비싼감이 있으나 현지인 단골이 많은 가구점으로, 그만큼 믿을만한 빈티지 숍이다.

센트럴

Access 중앙역에서 버스 16번 탑승 후 10분 소요
Add   Maurinkatu 8-12, 00170 Helsinki
Open   12:00~18:00(수 ~20:00, 토 ~16:00)
        /토-일 휴무
Web   www.kruuna.fi

피다 FidaRoba

헬싱키내에 몇몇 지점이 있는 중고품 매장! 식기와 세라믹, 의류, 인테리어 용품까지 잘 정리되어있고 제품이 방대하다. 언제 들러도 아라비아핀란드나이딸라 제품 한두가지는 보게되는 헬싱키의 대표 세컨핸드숍이다. 개인적으로 아라비아 핀란드 빈티지 접시를 2€에 구입한 적이 있어서(유명 라인은 아니었지만), 빈티지 매니아에게는 강력 추천하는 곳이다. 제품이 다양한 편이지만 현지인들이 많이 들르는 매장이라 재고회전율이 빠르다. 가격이 저렴한 대신 칩이나 크랙같은 제품 상태를 꼼꼼히 봐야할 필요가 있다. 또한 비영리 단체로 운영하는 곳이라 매너있게 쇼핑해야할 곳이기도 한 곳!

센트럴 남부

Access 중앙역에서 트램 3번 탑승 후 10분 소요
Add   Iso Roobertinkatu 28, 00120 Helsinki
Open   09:00~20:00(토 ~18:00, 일 10:00~18:00)
Web   www.fida.fi

도시 INTRO [Helsinki]

국가	핀란드공화국Republic of Finland(Suomi)
수도	헬싱키Helsinki
인구	약 560만명
종교	루터교88% 기타5%
언어	핀란드어, 스웨덴어(6%), 사미어 등
화폐	유로 Euro(€,1€=약 1350원,2022년 07월 기준)
국가번호	(국제전화) +358
비자	무비자 90일 체류가능(솅겐조약 가맹국)
시차	-8시간(서머타임 적용 시-7시간)
전원	230V, 50hz(한국과 전압은 동일,여행시 변압기없이사용가능함)
날씨	사계절이 있으나, 여름을 제외하고는 대부분 춥다.

특히 북부 지방을 여행할 계획이라면 방한복을 단단히 준비해야 한다. 일교차가 심한 편이므로 바람막이나 머플러 등은 필수다. 여름은 우리나라보다 좀 더 시원하고, 겨울은 더 길고 추운 편이다.

여행하기 좋은 시기	5~10월 (날이 따뜻하고 낮이 길지만, 일교차가 심하다)
물가	전반적인 물가는 한국의 1.5배~2배 정도로 특히 교통비와 외식비가 비싼 편이다. 하지만 숙박비나 마트 물가는 생각보다 저렴하다. 한국에서 미리 환전해 신용카드와 현금을 함께 사용할 것. 하루 예산은 숙박비를 제외하고 1인 최소 10~15만원 정도를 예상 하면 된다.

핀란드에서는 ATM을 오또Otto
(영어로는 Cash Machine, Cash Point)라고부른다.

수퍼마켓	K마켓K-market, S마켓S-market, 시와SIWA, 알레파Alepa
공휴일	1월 1일 새해 New Year's Day
	1월 6일 주현절Epiphany
	2월 6일사미국경일Sami National Day(핀란드 북부)
	4월 중성 금요일,부활절,부활절 월요일 (Good Friday,Easter,Easter Monday)
	5월 1일 노동절 May Day
	승천절Ascension Day
	6월하지Midsummer Day(하지 전날도 기관에 따라 공휴일)
	11월성인의 날 All Saints' Day
	12월 6일독립 기념일 Independence Day
	12월 24, 25,26일크리스마스연휴Christmas

핀란드 관광청 www.visitfinland.com(헬싱키 관광 안내 www.visithelsinki.fi)
한국대사관 Erottajankatu 7A, 00130 Helsinki
(전화: 09 251 5000 / 040 903 1013)
긴급연락처 112

헬싱키 교통

유럽에서 헬싱키로 이동하기

항공(+저가항공)

발트해의 중심 도시 헬싱키까지는 핀란드 항공(메이저 항공사)이 한국과 직항을 운행하며, 유럽 주요 항공사들과 몇몇 저가항공사가 핀란드와 유럽 주요 도시를 연결한다. 스톡홀름, 오슬로, 코펜하겐, 런던 등에서 항공편으로 약 1~3시간 소요된다.

WEB 핀란드 항공 www.finnair.com
노르웨이 항공 www.norwegian.com
외 스칸디나비안 항공,영국항공 등

페리

스톡홀름에서 헬싱키까지 페리가 운행한다.숙박이 가능하고, 레스토랑 및 부대시설을 갖춘 대형 페리이다. 약 17시간 30분 이상 소요될 만큼 여정은 긴 편이다. (비성수기 기준 1인120-200€)헬싱키와 자주 묶어 여행하는 근교도시 에스토니아와 탈린에서는 페리로 약 2시간

30분 소요된다. 또한 스웨덴, 에스토니아, 올란드 제도 이동시 실야, 바이킹 라인을 이용할 수 있으며, 주말은 비용이 상승한다. 모든 페리는 각 (아래의) 페리 사이트(홈페이지 및 한국어 전화로 예약가능) 혹은 한국 대행업체를 이용하자. (검색엔진에서 페리 이름으로 검색하면 다양한 대행업체를 찾을 수 있다)

WEB 바이킹 라인 www.vikingline.co.kr
실야 라인 www.siljaline.co.kr

헬싱키 시내 들어가기

저가 항공을 통해 헬싱키-반타 공항Vantaa Airport으로 들어왔다면, 핀란드 항공에서 운행하는 핀에어 시티버스를 타고 시내로 이동하는 것이 가장 편리하다. 시내까지는 약 40분 소요되며, 편도 요금은 6.9€, 왕복권 구매 시 약간의 할인을 받을 수 있다.(버스 기사에게 티켓 구입 가능, 왕복권 구입 시 받은 사용했던 티켓이 필요하니 버리지말고 잘 챙기자.)시내에서 공항으로 이동할 때는 마찬가지로 내린 곳에서 탑승한다. 핀에어 시티버스 외에는 공항과 헬싱키 중앙역을 연결하는 615번 시내버스와 순환 철도가 있다. 시내버스와 순환 철도 I•P라인 모두 시내까지 약 1시간 소요되며, 요금은 5.50€로 같다. 시내버스는 24시간 운행하므로 새벽이나 늦은 밤에 도착한 여행자에게 유용하다.

WEB   헬싱키 교통정보 www.hsl.fi

헬싱키 시내교통

헬싱키 센트럴은 도보로 이동할 수 있으나, 센트럴 남부와 톨로, 깔리오, 근교에 갈 때는 트램이나 버스, 지하철을 이용해야 한다. 모든 대중교통에서 통용되는 1회권 티켓은 버스 정류장의 자동판매기나 스마트폰 앱HSL Moliililippu를 이용해 구매할 수 있으며, 기사에게 직접 구매할 경우 가격이 더 비싸진다. 가격은 자동판매기에서 2.90€, 애플리케이션에서 2.20€, 기사에게 구매 시 3.20€다(6~17세는 반값). 24시간권 가격은 시내에서만 이용할 경우 9€, 공항이나 근교를 포함하는 경우 14€이며, 24시간 이후에는 50% 할인된 금액으로 하루씩 추가할 수 있다. 수오멘린나페리 왕복티켓 – 5€성인(1일 교통권 이상을 소지시 수오멘린나 왕복 페리 무료)

WEB   헬싱키 교통정보 www.hsl.fi

Tip. 고 헬싱키 카드 Go Helsinki Card

헬싱키 카드는 헬싱키의 대표 관광지에 입장할 수 있는 카드로,
1. Helsinki mobile card without travel: City 카드 기능 그러나 교통권으로 사용불가
2. Helsinki card City withcity travel: 헬싱키 Helsinki, 까우이아이넨 Kauniainen, 에스포Espoo 일부 지역에서 사용
교통권 포함, 비포함으로 나뉘고, 거기에 유효 기간에 따라1일, 2일, 3일권이 있다. 주요 미술관, 박물관, 관광지에 무료로 입장 혹은 할인 받을 수 있다. 공항 인포메이션 센터나모바일 앱(시내교통 앱, HSL moliililippu에서 구입 할 수 있으며, 앱에서 승차권을 구매하면 약간의 할인을 받을 수 있다. 공항이나 근교 이동을 계획한다면 광역용으로 따로 문의해 보자.금액은1일권 51€, 2일권 63€, 3일권 74€이다. 가격이 비싼 편이므로 방문 예정인 관광지의 입장료를 모두 계산해 비교해본 후 구매하는 것이 좋다.

WEB gocity.com/helsinki/en-us

헬싱키 카드 무료 입장:수오멘린나 요새(섬 내의 박물관), 템팰리아우키오 교회, 아모스렉스, 키아즈마 미술관, 디자인 박물관, 아테네움 미술관, 운하 크루즈 등 (&몇몇 매장 할인 가능)

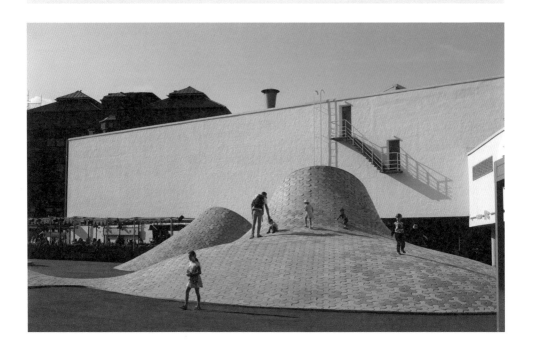

#레스토랑 핀란드어

- 순록고기(reindeer meat) =Poro(nlihaa)
- 돼지고기(pork) = Sianliha
- 소고기(beef) = Naudanliha
- 닭고기(chicken) = Kana
- 곰고기(bear) = Karhu(nlihaa)

핀란드어는 세계에서 배우기 가장 어려운 언어 Top5안에 든다고 알려져있을 정도로 한국인에겐 읽기도 어렵고 말하기도 어렵다. 그렇지만 핀란드어를 못한다 하더라도 너무 걱정 할 필요는 없다. 왜냐하면 레스토랑 직원들을 비롯해 대다수의 핀란드인의 영어 실력은 아주 뛰어난 편이다.

여행 중,특히 대중교통을 타면 당황스러운 상황이 생길 수 있다. 안그래도 핀란드어만해도 읽기 어렵고 익숙지 않은데, 버스나 트램등의 대중교통뿐만아니라 표지판에까지 스웨덴어도 함께 표기되어 있다. 그래서 처음 핀란드에 도착하면 생소한 두 언어가 전광판에 뜨니 더 헷갈리기 쉽다(특히 트램, 버스 이용시, 하차 정류소를 확인할때 더욱 복잡하니, 잘 확인해서 내려야한다). 스웨덴어가 함께 표기되는 이유는 일부 국민이(약 6%) 스웨덴계이고, 그래서 스웨덴어도 공용어로 표기하는 것

이다. 특히 투르쿠Turku를 비롯한 서부연안 지역이 스웨덴어를 많이 사용한다(과거 스웨덴 통치 시절, 투르쿠가 수도였다).

스웨덴은 핀란드와 여러가지로 연관이 있는 나라인데, 과거에 스웨덴이 핀란드를 약 500년간 식민지로 통치 한 적이 있다고 한다. 이때 스웨덴 사람들은 핀란드인들이 핀란드어를 계속 사용하도록 허락하고, 스웨덴어를 억지로 가르치지 않아서 핀란드인들은 이에 대해서는 고마움을 가지고 있다는 사실! 이같은 이유와 핀란드 국민성 때문에 여행할때, (우리와 일본에 비해서는) 두 나라가 서로 아주 적대적이지는 않은 느낌을 받기도 한다.참고로 핀란드 이외의 북유럽 나라들은 대체로 표지판에 자국 언어와 영어만 표기되어, 현지어를 잘 모르더라도 어렵지 않게 영어 정보를 읽을 수 있다.

북유럽의 식탁

#1 북유럽 사람들은 무얼 먹나요?

스뫼레브레드Smørrebrød

덴마크식 오픈 샌드위치를 스뫼레브레드라고 한다. 빵 위에 샌드위치 속재료를 올린 형태로 포크와 나이프를 이용해 우아하고 깔끔하게 먹을 수 있는 간단한 식사다. 빵 위에 올라가는 재료 조합이 150가지가 넘을 정도로 무궁무진한 변주가 이뤄진다. 기본이 되는 빵은 호밀빵Rye Bread으로, 북유럽의 땅이 척박해 그나마 수월한 호밀 재배가 주를 이루기 때문이라고 한다.

까르얄란삐라까karjalanpiirakka

발음하기도 어려운 핀란드의 전통 빵이다. 호밀을 기본으로 쌀, 메밀 등의 곡물과 버터, 계란, 우유 등으로 만든 속재료를 올려 만든다. 여행자에게는 호불호가 갈리는 전통의 레시피지만, 신기하게도 (약간 느끼한) 누룽지 맛이 나는 빵이니 궁금하다면 시도해보시길!

미트볼

북유럽 전역에서 자주 만나볼 수 있는 전통 음식이다. 스웨덴의 미트볼이 가장 유명한데, 국내에서는 이미 이케아푸드코트 메뉴로 익숙하다. 스웨덴 시내에서 미트볼 전문점을 쉽게 만나볼 수 있으며, 으깬 감자Mashed Potato와 링곤베리 잼 Lingonberry Jam을 곁들이는 것이 전통이다. 일반적으로 북유럽에서는 주로 빵이나 과자에 다양한 소스를 곁들인다.

연어 요리

유명한 연어 산지로 손꼽히는 노르웨이에서는 물론, 북유럽에 왔다면 연어를 꼭 맛보자. 신선한 회나 훈제로 화이트와인과 최고의 궁합을 선보인다. 크림소스와 딜Dill(허브의 일종)과 함께 버무린 샐러드 형태나 빵과 함께 먹는 방식 등 가게마다 다양한 레시피를 선보이지만, 하나같이 해산물의 향긋함을 살려낸다. 바다와 인접한 북유럽에는 신선한 해산물이 다양한데, 우리에겐 낯설지만 청어 또한 북유럽 식탁에서 자주 보이는 해산물이다.

순록고기

핀란드 북부를 비롯한 몇몇 북유럽 지역에서는 순록 고기를 즐겨 먹는다. 특유의 잡내가 나지만, 소스와 함께 먹으면 향이 순화되니 거부감이 없다면 이곳에서만 즐길 수 있는 별미에 도전해보자. 다만, 유럽에서는 잡내조차도 식자재 고유의 향으로 여겨 그대로 살리는 요리법을 택하는 곳이 많으니 후기를 잘 살펴볼 것을 추천한다.

핫도그

전통음식이라고 볼 수는 없지만, 과장을 조금 보태서 북유럽의 소울 푸드라고 보아도 무방할 메뉴다. 북유럽에서 이만큼 저렴하고, 호불호도 없이 입맛에 맞는 효자요리를 찾기는 힘들다. 주머니 가벼운 여행자는 여행지 곳곳에서 만나는 핫도그 푸드트럭을 놓치지 말자.

시나몬 롤

북유럽 국가의 커피 소비량은 세계적으로도 높은 수준. 그래서인지 커피와 함께 즐길 빵과 디저트류 또한 발달해 있다. 많은 빵 종류 중에서도 시나몬 롤은 꼭 맛보자. 북유럽 사람들에게는 언제고 커피와 곁들이는 대표적인 국민 간식이다.

#2   술이 목적이라면 부지런해지자!

덴마크를 제외한 스웨덴, 노르웨이, 핀란드에는 주류 소비를 제한하는 법이 있다. 소매점인 편의점과 슈퍼마켓에서는 보통 맥주보다 알코올 함량이 높은 술을 살 수 없다. 알코올을 사랑하거나 여행지의 밤을 술 한잔과 함께 마무리하는 여행자라면 바쁘게 움직여야 한다. 늦은 밤(보통 10시 내외)에는 마트의 술 매대가 자물쇠로 잠기는 야속한 광경을 마주할 수 있으니 술을 마시고 싶다면 미리 사두자. 또한 술을 파는 식당들도 이른 저녁에 문을 닫고 일요일에는 오픈하지 않는 등 오픈 시간이 한정적이다. 늦은 밤까지 영업하는 술집에서는 매우 높은 술값을 지불해야 한다. 이렇게 주류 소비를 제한하게 된 배경에는 개신교 기반 국가라는 종교적인 이유도 있고, 국민의 알코올 의존도를 낮추기 위한 복지적인 이유도 있다. 또 석회수를 식수로 사용하는 대부분 유럽 대륙 국가와 달리 마시는 물이 깨끗해 주류가 덜 발달했기 때문이기도 하다.

PLUS 술은 이곳에서 쟁여놓자!

주류 소비에 제한을 두는 나라에는 대표적인 공영 주류 판매점을 둔다. 보통 이 공영 주류 판매점이 아닌 일반 수퍼마켓에서는 높은 (보통 맥주 정도) 알콜도수 이상의 술은 거의 찾기가 힘들다. 스웨덴은 시스템볼라겟Systembolaget, 노르웨이는 빈모노폴레Vinmonopolet, 핀란드는 알코Alko에서 구입 가능하다.

& other stories 3

북유럽의 축제

코펜하겐

@로스킬데 페스티벌 Roskilde Festival

6월 말 코펜하겐 근처 작은 도시 로스킬데Roskilde에서는 유럽 5대 음악 축제로 꼽히는 로스킬데 페스티벌이 열린다. 유럽 젊은이들에게 큰 인기인 락 페스티벌로 U2, 밥말리, 에미넴, 브루노 마스 등이 공연한 바 있다.

오슬로

@노르웨이 헌법 제정 기념일 축제 Constitution Day

5월17일 덴마크와 스웨덴의 식민지배를 벗어나 독립하여 헌법을 제정한 의미있는 날로, 노르웨이 최대 축제이자 전국민의 기념일(국경일)로 나라 전역에서 축제 분위기를 즐길 수 있다. 길에서 전통 의상을 입은 사람들이나 퍼레이드 행진을 자주 마주할 수 있어 신나는 분위기를 만끽할 수 있다.

트롬쇠

@오로라 축제 The Northern Lights Festival

노르웨이 최고의 축제로 꼽히는 오로라 축제가 1~2월 트롬쇠에서 열린다. 이름과는 달리 다양한 음악 공연이 펼쳐지는 뮤직 페스티벌. 같은 기간에 트롬쇠 인터내셔널 필름 페스티벌, 폴라나이트 하프마라톤 등의 축제가 함께 열린다.

스톡홀름

@스칸센 가을•크리스마스 마켓 Skansen Market

스톡홀름 최대의 야외 마켓인 스칸센에서 가을과 크리스마스에 열리는 마켓이다. 여행객은 물론 로컬들도 많이 찾아 붐비지만, 그만큼 볼거리가 풍부하다는 뜻. 스웨덴 특산품이나 잼, 디저트 같은 먹거리나 크리스마스 용품들도 판매한다.

@고스트 워크 Stockholm GhostWalk

연중 비정기적으로 열리는 스페셜 이벤트. 스톡홀름 구시가 감라스탄에서 영어로 진행된다. 올드 타운을 둘러보며 유령과 뱀파이어, 각종 전설 등 스릴 넘치는 이야기를 듣는 역사적이고 이색적인 투어다.

헬싱키

@헬싱키 사우나 데이 Helsinki Sauna Day

3월 중 열리는 헬싱키의 전통인 사우나를 체험해 볼수있는 특별한 날이다. 많은 프라이빗 사우나를 여행객이나 방문자들에게 개방해서 다양한 사우나를 해볼 수 있는 진귀한 행사! 워낙 다양한 헬싱키내의 사우나가 개방되고 친구도 사귈수있는 특별한 기회. 자세한 정보는 헬싱키 관광청 홈페이지나 현지 인포메이션을 참고하자.

PLUS 북유럽의 크리스마스 마켓

겨울에 북유럽을 찾았다면 빠뜨릴 수 없는 것이 크리스마스 마켓이다. 북유럽 대부분 도시에서 열리는 장으로 보통 11월 20일경부터 크리스마스 이브 전날까지 운영한다. 오픈 시간은 10:00~18:00 정도이나 도시별로 차이가 있을 수 있다. 이 시기는 크고 작은 축제와 장이서 아기자기하고 따뜻한 크리스마스 분위기를 만끽할 수 있다.

: 일러두기 :

... 북유럽의 거의 모든 도시(트롬쇠 제외)는 구글맵(앱)에서 각 스팟의
   현지어를 이용해 쉽게 찾을 수 있다. 스팟명에 도시명(혹은 거리 이
   름)을 덧붙여 검색하면 더욱 찾기 쉽다.
   (예: Veirhanen Copenhagen 스팟명+도시명)

... 모든 현지어는 영어보다는 현지어 발음에 가깝게 표기했다.

... 사진 출처
   - 코펜하겐 핀 율 하우스
   - 스톡홀름 옥센 크로그
   - 스톡홀름 엣헴
   - 헬싱키 호텔F6
   (각 웹사이트 Press 제공)

초판 1쇄 발행 2022년 9월 10일
초판 2쇄 발행 2022년 10월 28일
초판 3쇄 발행 2022년 12월 20일

지은이 이찬호

발행인 박성아
디자인 이정민
제작·경영 지원 홍사여리

펴낸 곳　　테라(TERRA)
주소　　　03908 서울시 마포구 월드컵북로 375, 2104호(상암동, DMC 이안상암1단지)
전화　　　02 332 6976
팩스　　　02 332 6978
이메일　　terra@terrabooks.co.kr
등록　　　제2009-000244호
ISBN　　　978-89-94939-98-8　13920
값　　　　20,000원